BestMasters

Mit „**BestMasters**" zeichnet Springer die besten Masterarbeiten aus, die an renommierten Hochschulen in Deutschland, Österreich und der Schweiz entstanden sind. Die mit Höchstnote ausgezeichneten Arbeiten wurden durch Gutachter zur Veröffentlichung empfohlen und behandeln aktuelle Themen aus unterschiedlichen Fachgebieten der Naturwissenschaften, Psychologie, Technik und Wirtschaftswissenschaften. Die Reihe wendet sich an Praktiker und Wissenschaftler gleichermaßen und soll insbesondere auch Nachwuchswissenschaftlern Orientierung geben.

Springer awards "**BestMasters**" to the best master's theses which have been completed at renowned Universities in Germany, Austria, and Switzerland. The studies received highest marks and were recommended for publication by supervisors. They address current issues from various fields of research in natural sciences, psychology, technology, and economics. The series addresses practitioners as well as scientists and, in particular, offers guidance for early stage researchers.

Tobias Sattler

Internet Corporation for Assigned Names and Numbers im internationalen Rechtssystem

Wie diese die Europäische Datenschutz-Grundverordnung umsetzt und welchen Einfluss die Umsetzung auf das E-Mail-Marketing hat

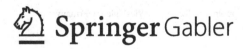

Tobias Sattler🆔
Vaterstetten, Deutschland

Diese Masterarbeit wurde von der Fachhochschule Burgenland im September 2022 angenommen. Tobia Sattler war Student der Fachhochschule Burgenland in Eisenstadt.

ISSN 2625-3577   ISSN 2625-3615 (electronic)
BestMasters
ISBN 978-3-658-43991-0   ISBN 978-3-658-43992-7   (eBook)
https://doi.org/10.1007/978-3-658-43992-7

Die Deutsche Nationalbibliothek verzeichnet diese Publikation in der Deutschen Nationalbibliografie; detaillierte bibliografische Daten sind im Internet über http://dnb.d-nb.de abrufbar.

Planung/Lektorat: Karina Kowatsch
Springer Gabler ist ein Imprint der eingetragenen Gesellschaft Springer Fachmedien Wiesbaden GmbH und ist ein Teil von Springer Nature.
Die Anschrift der Gesellschaft ist: Abraham-Lincoln-Str. 46, 65189 Wiesbaden, Germany

Das Papier dieses Produkts ist recyclebar.

Vorwort

Die Idee für mein Thema entstand während meiner ehrenamtlichen Tätigkeit bei der *Internet Corporation for Assigned Names and Numbers* (ICANN) und *Internet Engineering Task Force* (IETF), wo ich mich in verschiedenen Funktionen intensiv mit den technischen Aspekten und Richtlinien des Internets befasst habe, unter anderem als stellvertretender Vorsitzender der Interessenvertretung der Registrare. So habe ich zum Beispiel in mehreren Arbeitsgruppen zur Erstellung neuer Richtlinien beigetragen, gemeinsam mit zwei weiteren Autoren die Internet-Spezifikation *Request for Comments* (RFC) 9167 veröffentlicht und Positionspapiere zum Thema mitverfasst.

In diesem Kontext beruhte die Arbeit zuerst auf beruflichem und später auf persönlichem Interesse, die Auswirkungen der *Europäischen Datenschutz-Grundverordnung* (EU-DSGVO) auf Domain-Namen zu untersuchen. Seit 2019 ist der Missbrauch von Domains ein wesentliches Thema bei der ICANN. Hierzu zählt vor allem unerwünschte E-Mail-Werbung (E-Mail-Spam), die seit 1978 beobachtet wird und weiterhin eine aktuelle Problematik ist.

An dieser Stelle möchte ich mich bei all jenen bedanken, die mich bei der Erstellung dieser Masterarbeit unterstützt und begleitet haben, insbesondere bei Mag. Mario Rader, der meine Arbeit betreut und begutachtet hat, sowie David Rupprecht, MA MSc, der mich in der Phase der Konzepterstellung unterstützt hat. Nicht zuletzt möchte ich mich im Voraus bei allen interessierten Lesenden bedanken, die sich mit Feedback melden und mich auf Verbesserungsmöglichkeiten hinweisen.

Vaterstetten
im September 2022

Tobias Sattler

Kurzfassung

Für den stabilen und sicheren Betrieb des Internets ist die US-amerikanische gemeinnützige Organisation *Internet Corporation for Assigned Names and Numbers* (ICANN) verantwortlich, wozu die Koordination der Vergabe von Domain-Namen wie tobiassattler.com gehört. Die *Europäische Datenschutz-Grundverordnung* (EU-DSGVO) dient der Vereinheitlichung des Datenschutzrechts und schützt die Verarbeitung von personenbezogenen Daten. Dies hat einen Einfluss auf die öffentlich zugänglichen Informationen von registrierten Domain-Namen, deren Veröffentlichung die ICANN in ihren Richtlinien vorschreibt. Diese Informationen umfassen personenbezogene Daten wie den Namen, die Postanschrift und die E-Mail-Adresse der Domain-innehabenden Person. Die ICANN änderte ihre Richtlinien, jedoch ist weiterhin die Veröffentlichung dieser Angaben möglich.

In der vorliegenden Arbeit werden die Auswirkungen der EU-DSGVO auf das E-Mail-Marketing und die Verwendung von E-Mail-Adressen für E-Mail-Kampagnen untersucht, insbesondere in Bezug auf unerwünschte E-Mail-Werbung. Dazu wird die folgende Forschungsfrage gestellt: *Welchen Effekt hat die Veröffentlichung der E-Mail-Adresse der Domain-innehabenden Person in den WHOIS-Datenbanken auf die Anzahl eingehender unerwünschter Marketing-E-Mails?* Um die Forschungsfrage zu beantworten, wurde ein Feldexperiment durchgeführt: Es wurden 66 Domain-Namen registriert, deren WHOIS-Informationen in der Kontrollgruppe nicht offengelegt und in der Versuchsgruppe entsprechend veröffentlicht wurden, um die eingehenden E-Mails auf E-Mail-Spam zu prüfen.

Die Auswertung des Feldexperiments zeigt, dass die Veröffentlichung der E-Mail-Adresse im WHOIS einen hochsignifikanten Effekt auf den Erhalt von E-Mail-Spam hat. Im Hinblick auf das WHOIS-Nachfolgeprotokoll *Registration*

Data Access Protocol (RDAP) und das *System for Standardized Access/Disclosure* (SAAD) ist es den ICANN-Verantwortlichen zu empfehlen, zurückhaltend mit der Veröffentlichung von personenbezogenen Daten umzugehen.

Stichwörter: ICANN · DSGVO · E-Mail-Marketing · WHOIS · E-Mail-Spam

Abstract

The U.S. non-profit organization *Internet Corporation for Assigned Names and Numbers* (ICANN) is responsible for the stable and secure operation of the Internet. The latter includes coordinating the allocation of domain names such as tobiassattler.com. Additionally, the European *General Data Protection Regulation* (GDPR) standardizes data protection law and protects the processing of personal data. That impacts the publicly available information of registered domain names, which ICANN requires in its policies. This information includes personal data such as the domain holder's name, postal address, and email address. ICANN changed its policies, but the publication of this information is still possible.

Therefore, this paper examines the impact of the GDPR on email marketing and the use of email addresses for email campaigns, particularly concerning unsolicited email advertising. The research question posed for this purpose is: *What is the effect of publishing the domain holder's email address in WHOIS databases on the number of unsolicited marketing emails received?* This study involves a field experiment to answer the research question: 66 domain names were registered whose WHOIS information was not disclosed in the control group and published accordingly in the experimental group to observe the incoming emails for spam.

The evaluation of the field experiment shows that the publication of email addresses in WHOIS significantly affects whether one receives email spam. Concerning the WHOIS successor *Registration Data Access Protocol* (RDAP) and the *System for Standardized Access/Disclosure* (SAAD), ICANN should exercise restraint in publishing personal data.

Keywords: ICANN · GDPR · Email Marketing · WHOIS · Email Spam

Inhaltsverzeichnis

1   **Einleitung** 1
   1.1   Problemstellung 1
   1.2   Zielsetzung 3
   1.3   Forschungsfragen 3
   1.4   Methode 3
   1.5   Aufbau der Arbeit 4

2   **Konzeptionelle Grundlagen** 5
   2.1   E-Mail-Marketing 5
   2.2   E-Mail-Spam 8
   2.3   Internet Corporation for Assigned Names and Numbers 9
   2.4   Internet Engineering Task Force und Request for Comments 10
   2.5   WHOIS-Datenbanken 11
   2.6   Europäische Datenschutz-Grundverordnung 12
   2.7   Auswirkungen der Europäischen Datenschutz-
        Grundverordnung auf die Internet Corporation for Assigned
        Names and Numbers 14
   2.8   Auswirkungen der Europäischen Datenschutz-
        Grundverordnung auf das E-Mail-Marketing 18
   2.9   Auswirkungen der Europäischen Datenschutz-
        Grundverordnung auf den E-Mail-Spam 20

3   **Empirische Forschung** 23
   3.1   Forschungsdesign 23
       3.1.1   Annahmen 24
       3.1.2   Kontroll- und Versuchsgruppe 25
       3.1.3   Auswahl der Registrare 25

3.1.4   Auswahl der Domain-Endungen 26
3.1.5   Versuchsaufbau 29
3.1.6   Störfaktoren 33
3.2   Datenerfassung 34
3.3   Datenauswertung 35
3.3.1   Auswertung der Gesamtheit 35
3.3.2   Auswertung der Registrare 42
3.3.3   Auswertung der Domain-Endungen 45
3.3.4   Weitere Erkenntnisse 48

4   Schlussfolgerung und Diskussion 51
4.1   Zusammenfassung 51
4.2   Beantwortung der Forschungsfrage 52
4.3   Limitationen 53
4.4   Ausblick 55

Glossar 57

Literaturverzeichnis 61

Abkürzungsverzeichnis

ALAC	At-Large Advisory Committee
AMA	American Marketing Association
ASO	Address Supporting Organization
ARPANET	Advanced Research Projects Agency Network
BDSG	Deutsches Bundesdatenschutzgesetz
ccNSO	Country Code Name Supporting Organization
CSA	Certified Sender Alliance
DAAR	Domain Abuse Activity Reporting
Di	Dienstag
DNS	Domain Name System
Do	Donnerstag
EU	Europäische Union
EU-DSGVO	Europäische Datenschutz-Grundverordnung
FTP	File Transfer Protocol
Fr	Freitag
GAC	Governmental Advisory Committee
GNSO	Generic Name Supporting Organization
GDPR	General Data Protection Regulation
HTML	Hypertext Markup Language
HTTP	Hypertext Transfer Protocol
ICANN	Internet Corporation for Assigned Names and Numbers
IETF	Internet Engineering Task Force
Mi	Mittwoch
Mio.	Million/Millionen
Mo	Montag
Mrd.	Milliarde/Milliarden

NDSS	Network and Distributed System Security Symposium
Nr.	Nummer
PDP	Policy Development Process
RDAP	Registration Data Access Protocol
RDS	Registration Directory Service
RFC	Request for Comments
Sa	Samstag
SMTP	Simple Mail Transfer Protocol
So	Sonntag
SSAD	System for Standardized Access/Disclosure
u. a.	unter anderem
UWG	Gesetz gegen den unlauteren Wettbewerb
www	World Wide Web
z. B.	zum Beispiel

Tabellenverzeichnis

Tabelle 2.1   Anzahl der von ICANN als Missbrauch identifizierten
               Domains und Anteil der Spam-Domains 2018   17
Tabelle 2.2   Anzahl der von ICANN als Missbrauch identifizierten
               Domains und Anteil der Spam-Domains 2021   18
Tabelle 2.3   Anteil des Spams am weltweiten E-Mail-Verkehr,
               weltweiter E-Mail-Verkehr pro Tag und Anzahl
               der Spam-E-Mails pro Tag, berechnet anhand der
               vorliegenden Informationen   21
Tabelle 3.1   Registrare, geordnet nach der Anzahl der registrierten
               Domains, mit Anmerkungen zur Auswahl für das
               Feldexperiment   27
Tabelle 3.2   Domain-Endungen, geordnet nach der Anzahl der
               registrierten Domains   29
Tabelle 3.3   Domains mit und ohne WHOIS-Veröffentlichung sowie
               zugehörige E-Mail-Adresse   30
Tabelle 3.4   Auswertung der eingegangenen E-Mails nach Abschluss
               der Datenerfassung   36
Tabelle 3.5   Auswertung, geordnet nach definierten Kategorien und
               der Kontroll- und Versuchsgruppe   41
Tabelle 3.6   Auswertung der Gesamtheit mittels Chi-Quadrat-Test   41
Tabelle 3.7   Ergebnis des Chi-Quadrat-Tests der Gesamtheit   41
Tabelle 3.8   Auswertung der Kategorie 3, geordnet nach Registraren
               und nach Kontroll- und Versuchsgruppe   43
Tabelle 3.9   Auswertung der Registrare mittels Chi-Quadrat-Test   43
Tabelle 3.10   Ergebnis des Chi-Quadrat-Tests der Registrare   44
Tabelle 3.11   Statistik der Stichprobe der Registrare   44

Tabelle 3.12   Nutzung des E-Mail-Adressfelds bei Domains ohne
                WHOIS-Veröffentlichung geordnet nach Registraren 45
Tabelle 3.13   Auswertung der Kategorie 3, geordnet nach
                Domain-Endungen und nach Kontroll- und
                Versuchsgruppe 46
Tabelle 3.14   Auswertung der Domain-Endungen mittels
                Chi-Quadrat-Test 46
Tabelle 3.15   Ergebnis des Chi-Quadrat-Tests der Domain-Endungen ... 47
Tabelle 3.16   Statistik der Stichprobe der Domain-Endungen 47
Tabelle 3.17   Auswertung der E-Mails der Kategorie 3
                an die.xyz-Domains, geordnet nach Registrar-Nummer
                und nach Kontroll- und Versuchsgruppe 48
Tabelle 3.18   Spam-E-Mails, geordnet nach den Wochentagen und
                der Anzahl der eingegangen Spam-E-Mails 49
Tabelle 3.19   Eingegangener E-Mail-Spam pro Wochentag an dem
                die Domains registriert wurden 49
Tabelle 3.20   Korrelation nach Cramers V zu den eingegangenen
                E-Mail-Spams pro Wochentag und Domain 50
Tabelle 3.21   Spam-E-Mails, geordnet nach der Domain der
                Absendenden und der Häufigkeit des Auftretens 50

Einleitung

1

Am 25. Mai 2018 trat die *Europäische Datenschutz-Grundverordnung* (EU-DSGVO) in Kraft. Dadurch veränderte sich der Umgang mit personenbezogenen Daten, sowohl innerhalb als auch außerhalb der *Europäischen Union* (EU). Dies stellte Unternehmen vor Herausforderungen, um der neuen Verordnung zu entsprechen (D'Assergio et al., 2019, S. 2; Li et al., 2019, S. 1). Insbesondere im E-Mail-Marketing zeigen sich diese Herausforderungen in Form der Notwendigkeit einer freien, spezifischen und unzweideutigen Zustimmung der Empfänger und Empfängerinnen (Kubíček et al., 2022, S. 282, 284–285).

1.1 Problemstellung

Die Geschichte der E-Mail begann in den sechziger Jahren des letzten Jahrhunderts. Damals hat zum ersten Mal eine Nachrichtenübermittlung zwischen Benutzerinnen und Benutzern über E-Mail stattgefunden (Computer History Museum, 2022a; Siegert, 2015, S. 189–200). Das Medium E-Mail ist seitdem und vor allem in den heutigen Zeiten der sozialen Medien mit über 4 *Milliarden* (Mrd.) E-Mail-Nutzern und E-Mail-Nutzerinnen sowie etwa 320 Mrd. E-Mails pro Tag weiterhin relevant (The Radicati Group, 2021, S. 3). Das gilt insbesondere, da E-Mails von Unternehmen im gesamten Lebenszyklus der Beziehung zur Kundschaft eingesetzt werden können. Dabei ist die Ansprache potentieller Kundschaft eine von fünf wesentlichen Säulen der Kommunikation (Kreutzer, 2021, S. 1–4).

Bereits in den Jahren 2004, durch das bundesdeutsche *Gesetz gegen den unlauteren Wettbewerb* (UWG), und 2009, mittels Änderung des deutschen

T. Sattler, *Internet Corporation for Assigned Names and Numbers im internationalen Rechtssystem*, BestMasters,
https://doi.org/10.1007/978-3-658-43992-7_1

Bundesdatenschutzgesetzes (BDSG), wurde die Nutzung bestimmter Daten für Werbezwecke ohne Einwilligung der Betroffenen eingeschränkt (UWG, 2004; BDSG, 2009). Mit der Einführung der EU-DSGVO und der Überführung in nationales deutsches Recht in Form des neuen BDSG ist eine Einwilligung für E-Mail-Werbung zwingend erforderlich (BDSG, 2018; EU-DSGVO, 2018). Deshalb haben Unternehmen Kampagnen zur Revalidierung der Einwilligung durchgeführt und ihre E-Mail-Listen bereinigt (D'Assergio et al., 2019, S. 4; D'Assergio, 2021, S. 1). Wenngleich davon abgeraten wird, kaufen Unternehmen E-Mail-Adressen für Marketingzwecke ein, um E-Mail-Listen aus- und aufzubauen sowie E-Mail-Marketing-Kampagnen durchzuführen (Kreutzer, 2021, S. 1–4; Lammenett, 2019, S. 102, 128–131, 2020, S. 114–115).

Die US-amerikanische gemeinnützige Organisation *Internet Corporation for Assigned Names and Numbers* (ICANN) ist für die Verwaltung und Steuerung des *Domain Name Systems* (DNS) zuständig, *zum Beispiel* (z. B.) für die Domain-Endungen .de, .com oder .org (ICANN, 2019, Abschn. 1.1(a)) und schreibt in ihren Richtlinien den Betrieb von WHOIS-Datenbanken vor (ICANN, 2013, S. 7, 2017b, S. 63). Diese sind öffentlich abrufbar und enthalten zu jeder Domain, z. B. tobiassattler.com, die personenbezogenen Daten der Inhaberinnen und Inhaber (ICANN, 2013, S. 7, 2017b, S. 63–64). Die veröffentlichten Daten werden für Zwecke wie IT-Sicherheitsanalysen, Zertifikate für Webseiten und E-Mail-Marketing eingesetzt (Ferrante, 2018, S. 144; Lu et al., 2021, S. 1, 11, 13). Gleichzeitig gilt die Veröffentlichung dieser Daten als eine der Quellen für E-Mail-Spam (ICANN, 2003, Abs. 1.4, 2007, S. 4, 2014, S. 25; Leontiadis & Christin, 2014, S. 19; Lu et al., 2021, S. 3).

Aufgrund der EU-DSGVO ist eine der öffentlichen Quellen, WHOIS, stark eingeschränkt worden (Ferrante, 2018, S. 144–145; Lu et al., 2021, S. 1). Dritte können die personenbezogenen Daten der Person, die Domain innehat, über Kontaktformulare nur als Behörde sowie bei nachweisbaren Rechtsstreitigkeiten anfordern oder mit der Zustimmung der Domain-innehabenden Person, dass deren Informationen im WHOIS veröffentlicht werden sollen (ICANN, 2018c, Abs. 2). Als Ergebnis der Einhaltung der neuen gesetzlichen Vorgaben erwartete ICANN eine verbesserte Sicherheit und begann dazu 2018 das Projekt *Domain Abuse Activity Reporting* (DAAR), um eine robuste, zuverlässige und reproduzierbare Methodik zur Analyse von Sicherheitsrisiken und Domain-Missbrauch zu entwickeln, *unter anderem* (u. a.) E-Mail-Spam (ICANN, 2022c, Abs. 2). Im Umfeld der ICANN wurde die Frage gestellt, ob die EU-DSGVO und die damit verbundenen Einschränkungen des WHOIS im Hinblick auf Domain-Missbrauch eine Verbesserung bewirkt haben (Anti-Phishing Working Group, 2018, S. 3–6; ICANN, 2021b; M3AAWG, 2021, S. 4).

1.2 Zielsetzung

Die vorliegende Masterarbeit handelt von der ICANN im internationalen Rechtssystem. Es geht darum, wie diese die EU-DSGVO umsetzt und welchen Einfluss die Umsetzung auf das E-Mail-Marketing hat. Ziel ist es, die Auswirkungen dieser Veränderung zu untersuchen, insbesondere in Bezug auf unerwünschte E-Mail-Werbung, sogenannten E-Mail-Spam. In diesem Kontext soll erforscht werden, ob es einen Zusammenhang zwischen der Veröffentlichung von personenbezogenen Daten in den WHOIS-Datenbanken der ICANN-akkreditierten Vergabestellen und Registraren sowie E-Mail-Spam gibt. Diese Arbeit soll eine Handlungsempfehlung für Domain-innehabende Personen und ICANN-Verantwortlichen geben, ob die Veröffentlichung der Daten einen Effekt auf den Erhalt von E-Mail-Spam hat.

1.3 Forschungsfragen

Auf Basis der vorangegangenen Problemstellung und der Zielsetzung dieser Masterarbeit wurde folgende Hauptforschungsfrage mit zwei Subforschungsfragen definiert:

Welchen Effekt hat die Veröffentlichung der E-Mail-Adresse der Domain-innehabenden Person in den WHOIS-Datenbanken auf die Anzahl eingehender unerwünschter Marketing-E-Mails?

- Welchen Effekt hat die Wahl der Domain-Endung, unter der die Domain registriert wurde, auf das Ergebnis der Hauptforschungsfrage?
- Welchen Effekt hat die Wahl des Registrars, bei dem die Domain registriert wurde, auf das Ergebnis der Hauptforschungsfrage?

1.4 Methode

Die Untersuchung dieser Forschungsfragen gliedert sich in zwei Teile. Zuerst werden anhand einschlägiger Fachliteratur die Grundlagen von E-Mail-Marketing, E-Mail-Spam, ICANN, *Internet Engineering Task Force* (IETF), *Request for Comments* (RFC), WHOIS-Datenbank und EU-DSGVO herausgearbeitet. Dabei wird auf Fachbegriffe sowie die jeweilige Entwicklung und den

heutigen Stellenwert eingegangen. Anschließend folgt eine Analyse der Auswirkungen der EU-DSGVO auf die ICANN, das E-Mail-Marketing und den
E-Mail-Spam.

Die Untersuchung der Literatur wird nach der Methode der systematischen Literaturanalyse (Döring & Bortz, 2016) in den bestehenden Datenbanken der Fachhochschule Burgenland sowie Google Scholar durchgeführt.
Zusätzlich wird auf Informationen und Veröffentlichungen der ICANN und
der US-amerikanischen gemeinnützigen Organisation IETF zurückgegriffen, die
Internetstandards entwickelt und fördert. Darüber hinaus erfolgt die Recherche in
den Datenbanken der *American Marketing Association* (AMA), des *Network and
Distributed System Security Symposium* (NDSS) und in Datenbanken von internationalen Universitäten, um aktuelle Journals, Proceedings und Dissertationen zum
Themengebiet einbeziehen zu können.

Basierend auf der theoretischen Analyse werden Annahmen formuliert, die
die Basis für das empirische Forschungsvorhaben bilden. Zur Beantwortung der
Forschungsfragen und der Validierung der darauf aufbauenden Annahmen werden
Letztere mit einer geeigneten Forschungsmethode untersucht, in diesem Fall mit
einem Feldexperiment (Eifler, 2014). Hierzu werden ausgewählte Domains unter
bestimmten generischen Domain-Endungen registriert und es wird beobachtet,
ob an die jeweils im WHOIS hinterlegte E-Mail-Adresse Spam-E-Mails gesendet
werden.

1.5 Aufbau der Arbeit

Die vorliegende Arbeit gliedert sich in vier Kapitel. *Kapitel 1* begann mit der
Problemstellung und der Zielsetzung. Daraus wurden die Forschungsfragen abgeleitet und die Methodik vorgestellt. Der Autor schließt das Kapitel mit dem
Aufbau der Arbeit. In *Kapitel 2* werden zunächst anhand einschlägiger Literatur
die konzeptionellen Grundlagen geklärt. Dabei wird auf Fachbegriffe, die jeweilige Entwicklung sowie den heutigen Stellenwert eingegangen und es werden die
Auswirkungen untersucht. Anschließend werden in *Kapitel 3*, dem empirischen
Teil der Arbeit, basierend auf den gewonnenen Erkenntnissen Annahmen gebildet.
Außerdem werden die genutzte empirische Methode, das Forschungsdesign und
das Ergebnis der Datenerhebung vorgestellt. Abschließend folgt *Kapitel 4*, in dem
die wesentlichen Ergebnisse zusammengefasst, die Forschungsfragen beantwortet
und festgestellte Limitationen der Arbeit aufgezeigt werden sowie ein Ausblick
gegeben wird.

Konzeptionelle Grundlagen 2

In diesem Kapitel werden Grundlagen und zentrale Begrifflichkeiten definiert, um ein besseres Verständnis der Thematik herzustellen. Anschließend werden die Auswirkungen der EU-DSGVO auf das E-Mail-Marketing, den E-Mail-Spam und die ICANN untersucht.

2.1 E-Mail-Marketing

E-Mail steht für *Electronic Mail* (deutsch: elektronische Post). Als Erfindung der E-Mail gilt die erste Übertragung einer Nachricht durch Ray Tomlinson im Oktober 1971 zwischen zwei Computern, die ausschließlich über den Vorläufer des Internets, das ARPANET, verbunden waren (Comsputer History Museum, 2022a; Pallen, 1995, S. 1487; Siegert, 2015, S. 189–200). In den 1980er Jahren gewann die E-Mail mit der Ausweitung des ARPANETs und den ersten technischen Spezifikationen (*siehe Abschnitt 2.4*) zum *Simple Mail Transfer Protocol* (SMTP) und dem DNS zunehmend an Bedeutung (Mockapetris, 1983; Postel, 1982). So stieg die Anzahl der angeschlossenen Computer im ARPANET von 45 im Jahr 1983 auf 160 000 im Jahr 1989 (Computer History Museum, 2022b). Mit dem Übergang vom ARPANET zum Internet im Februar 1990 wurde die E-Mail in den 1990er Jahren zu einem gängigen Kommunikationsmittel, das in der breiten Gesellschaft Einzug hielt (Siegert, 2015, S. 182, 283). Dies spiegelt sich besonders in der rapide gewachsenen Anzahl an Internetnutzern und Internetnutzerinnen wider. Waren es im Jahr 1990 etwa 0,05 % der Weltbevölkerung, so betrug der Anteil 1999 bereits 4,63 %. In absoluten Zahlen bedeutet dies eine Steigerung von 2,66 *Millionen* (Mio.) auf 281 Mio. Nutzerinnen und Nutzer. Ende der 2000er Jahre erhöhte sich die Anzahl weiter auf 28,9 % der Weltbevölkerung, das entspricht circa 2 Mrd. Menschen (ITU, 2022; UN DESA, 2022). Zu dieser rasanten Entwicklung trug neben der E-Mail insbesondere das *World Wide Web* (www) bei, das von Tim Berners-Lee an der Forschungseinrichtung CERN entwickelt und im April 1993 lizenzkostenfrei zur Verfügung gestellt wurde (World Wide Web Foundation, 2022).

Das Medium E-Mail ist mit über 4 Mrd. E-Mail-Nutzern und E-Mail-Nutzerinnen weiterhin relevant (Tendenz steigend). Gemäß einer aktuellen Hochrechnung ist von einer Erhöhung der Anzahl an Nutzerinnen und Nutzern von 4,1 Mrd. im Jahr 2021 auf 4,6 Mrd. im Jahr 2025 auszugehen. Das entspricht einem jährlichen Wachstum von circa 3 % (The Radicati Group, 2021, S. 3). Darüber hinaus ist anzumerken, dass in der Regel weder Social-Media-Accounts noch Online-Banking noch Online-Shop-Konten ohne eine E-Mail-Adresse funktionieren (Kreutzer, 2021, S. 2). Im Jahr 2020 lag der Anteil der Weltbevölkerung, der das Internet nutzte, bei etwa 59,9 %, was in absoluten Zahlen ungefähr 4,73 Mrd. Menschen entspricht (ITU, 2022; UN DESA, 2022). In der EU haben circa 86 % der Internetnutzer und Internetnutzerinnen in den letzten zwölf Monaten online eingekauft (Eurostat, 2022a). Aufgrund dieser Relevanz und ihrer Rentabilität ist die E-Mail ein essentieller Kommunikationskanal, über den Unternehmen mittels E-Mail-Marketing ihre bestehende und potentielle Kundschaft ansprechen können (Kreutzer, 2021, S. 2–4; Lammenett, 2019, S. 51; Meffert et al., 2019, S. 707).

Das E-Mail-Marketing ist ein Instrument des Online-Marketings und besteht in der Übertragung von kommerziellen Informationen per E-Mail zur Erreichung von Marketingzielen (Kreutzer, 2021, S. 2; Lammenett, 2019, S. 47, 51; Meffert et al., 2019, S. 707). Gemäß einer Studie der Deutschen Post (2021, S. 26) nutzten 2020 etwa 1,12 Mio. Unternehmen in Deutschland E-Mail-Marketing als eines von fünf Online-Marketing-Instrumenten. In Bezug auf die Reichweite des E-Mail-Marketings zeigt eine Statistik von Eurostat, dass in Deutschland 87 % und in Österreich 79 % der Bevölkerung das Internet zum Senden und Empfangen von E-Mails nutzen (Eurostat, 2022b). In einer weiteren Studie von 2019 gaben 91 % der befragten Unternehmen im Vereinigten Königreich an, dass E-Mail ihr Hauptkommunikationskanal ist (DMA & dotdigital, 2019, S. 6). Zu einem ähnlichen Ergebnis kam eine Studie der promio.net GmbH in Zusammenarbeit mit der Hochschule Bonn-Rhein-Sieg, bei der 98 % der befragten Unternehmen in Deutschland E-Mail-Korrespondenz als häufigsten Kommunikationskanal nannten (promio.net GmbH & Hochschule Bonn-Rhein-Sieg, 2019, S. 8).

Im E-Mail-Marketing können bei der Ansprache der Kundschaft vier Ausprägungen unterschieden werden (Kreutzer, 2021, S. 5):

1. Trigger-E-Mails
2. Transaktionsmails
3. Aftersales-E-Mails
4. Newsletter

Dem Newsletter kommt im E-Mail-Marketing eine besondere Bedeutung zu, da auch die potentielle Kundschaft angesprochen werden kann (Kreutzer, 2021, S. 9; Meffert et al., 2019, S. 707). In einer Online-Umfrage aus dem Jahr 2019 gaben 52 % der Teilnehmenden aus Deutschland und 54 % der Befragten aus Österreich an, dass Newsletter als Informationsquelle dienen. Ferner teilten 69 % der Testpersonen aus Deutschland und 70 % der Interviewten aus Österreich mit, dass Newsletter sie bei ihrer Kaufentscheidung unterstützt haben (Schnedl, 2019, S. 23–24). Für eine E-Mail-Kampagne sind E-Mail-Adressen essentiell und deren Gewinnung ist eine Kernaufgabe des werbenden Unternehmens. Kreutzer (2021, S. 17–19) zeigt fünf Möglichkeiten auf, wie Unternehmen E-Mail-Adressen beschaffen können:

1. Beim Besuch der Unternehmenswebseite
2. Bei Bestellungen und Umfragen
3. Im stationären Geschäft
4. Im Telefonat
5. In den sozialen Medien

Lammenett (2019, S. 128–131) führt an, dass E-Mail-Adressen gekauft werden können, wenngleich dies durch die neuen rechtlichen Rahmenbedingungen aufgrund der EU-DSGVO schwieriger geworden ist. Er rät jedoch vom Kauf von E-Mail-Adressen ab, da er bisher nicht über positive Erfahrungswerte berichten könne (Lammenett, 2020, S. 114–115). Unternehmen, die Adressen vermieten oder verkaufen, können z. B. über die Mitgliederliste des Deutschen Dialogmarketing Verbands oder der Data & Marketing Association gefunden werden (DDV e. V., 2022; DMA, 2022). Nach eigenen Angaben führen z. B. die Adresshändler Caldwell und Listgiant jeweils Adresslisten von mehr als 230 Mio. beziehungsweise 280 Mio. Konsumentinnen und Konsumenten (Caldwell List Company, 2022; LISTGIANT, 2022). Weiterführende Untersuchungen und Studien dazu, wie erfolgreich angekaufte E-Mail-Listen sind, konnten bei einer umfassenden Recherche nicht gefunden werden.

2.2   E-Mail-Spam

Ein wesentliches Problem für Newsletter sind unerwünschte E-Mails, die als *Spam* bezeichnet werden, da sie die Akzeptanz für E-Mail-Marketing senken (Hedley, 2006, S. 223; Kreutzer, 2021, S. 11; Lammenett, 2019, S. 47; Meffert et al., 2019, S. 709). Die Geschichte des E-Mail-Spams geht bis zum Vorgänger des Internets, ARPANET, zurück und ist eng mit der Entwicklung des Internets verbunden (ISOC, 2014). Im Jahr 1978 verschickte Gary Thuerk eine E-Mail an mehrere hundert Empfänger und Empfängerinnen, um für ein Produkt seines Arbeitgebers, Digital Equipment Corporation, zu werben (Ferrara, 2019, S. 85; Hedley, 2006, S. 224; ISOC, 2014). Aufgrund dessen wurde er verwarnt und aufgefordert, dies nicht mehr zu tun (Hedley, 2006, S. 224–225). Im Jahr 1988 wurde der erste E-Mail-Kettenbrief versendet und 1993 wurde der Begriff *Spam* für unerwünschte Nachrichten geprägt (Eklund, 2003, S. 126; ISOC, 2014). In den Jahren 1995 bis 1997 hielt die US-amerikanische Bundesbehörde Federal Trade Commission mehrere öffentliche Sitzungen ab, um über den Schutz von Verbraucherinnen und Verbrauchern in globalen Netzwerken zu sprechen und sich mit dem Thema unerwünschter kommerzieller E-Mails zu beschäftigen (FTC, 1996, 1997). Von 2006 bis 2011 versendete das Computernetzwerk Rustock circa 17 Mrd. Spam-E-Mails pro Tag (Dittrich, 2012, S. 5; Kim et al., 2010, S. 6). Im Jahr 2021 lag der Anteil von E-Mail-Spam am weltweiten E-Mail-Verkehr bei durchschnittlich 45,56 % (Kulikova & Shcherbakova, 2022). Umgerechnet bedeutet das bei einem Aufkommen von 319,6 Mrd. E-Mails pro Tag, dass täglich 144,5 Mrd. Spam-E-Mails versendet werden (The Radicati Group, 2021, S. 3).

E-Mail-Adressen sind essentiell für E-Mail-Spam. Zur Sammlung von E-Mail-Adressen wird mit Hilfe von Softwareprogrammen das Internet durchsucht. Dabei werden u. a. E-Mail-Adressen auf Webseiten gefunden und auch im WHOIS werden entsprechende Informationen recherchiert (Leontiadis & Christin, 2014, S. 19; Shue et al., 2009, S. 2). Im Januar 2019 wurde eine Datenbank mit 2,2 Mrd. E-Mail-Adressen in Umlauf gebracht, die aufgrund von Sicherheitslücken von Unbekannten gesammelt werden konnten (Eikenberg, 2019; Hasso-Plattner-Institut, 2019; Mičijević, 2019). Nach weiteren Vorfällen mangelnder Sicherheit sind aktuell zwischen 12 Mrd. und 15 Mrd. Zugangsdaten, die E-Mail-Adressen einschließen, ohne Autorisierung veröffentlicht worden (Hunt, 2022; Surfshark, 2022).

Um gegen E-Mail-Spam vorzugehen, wurden im Jahr 1998 verschiedene Projekte wie The Spamhaus Project und SpamCop gegründet, um Beschwerden über E-Mail-Spam auszuwerten und Listen zu pflegen (SpamCop, 2022; Spamhaus,

2022). Im Februar 1999 wurden die ersten Anti-Spam-Maßnahmen als Internet-Spezifikation (*siehe Abschnitt 2.4*) veröffentlicht (Lindberg, 1999). Im Jahr 2004 startete der Verband der Internetwirtschaft, eco, zusammen mit dem Deutschen Dialogmarketing Verband das Projekt *Certified Senders Alliance* (CSA). Das Ziel der CSA ist es, die Qualität kommerzieller E-Mails zu erhöhen, um rechtliche Anforderungen an das E-Mail-Marketing wie die durch die EU-DSGVO zu adressieren (Certified Senders Alliance, 2022; Lammenett, 2019, S. 105–106).

2.3 Internet Corporation for Assigned Names and Numbers

Die ICANN wurde 1998 als nicht gewinnorientierte Organisation mit Sitz im US-Bundesstaat Kalifornien gegründet (Antonova, 2005, S. 2; ICANN, 1998, Abs. 1–3). Gemäß ihrer Satzung hat sie die Aufgabe, den stabilen und sicheren Betrieb des Internets zu gewährleisten. Hierzu zählen vier Kernaufgaben (ICANN, 2019, Abschn. 1.1(a)):

1. die Koordinierung der Zuweisung und Zuteilung von Namen im DNS, z. B. der Domain-Endungen.de,.com oder.org,
2. die Koordinierung des Betriebs und der Entwicklung des DNS-Root-Server-Systems,
3. die Koordinierung der Zuweisung und Zuteilung von Internet-Protokollnummern und Nummern für autonome Systeme sowie
4. die Zusammenarbeit mit anderen Gremien und Organisationen, die für das Funktionieren des Internets erforderlich sind.

Für diese Masterarbeit ist insbesondere die erste Kernaufgabe relevant.

In den Ausführungen zu dieser Aufgabe wird in der Satzung ein enger Rahmen festgelegt und die Koordinierung der Entwicklung und Implementation von Richtlinien für generische Domain-Endungen wie.com oder.org als konsensbasierter Multistakeholder-Prozess beschrieben (ICANN, 2019, Abschn. 1.1(a)). Mit *Multistakeholder* ist ein Governance-System gemeint, das auf der Kooperation mehrerer Interessenverbände basiert (Hemmati, 2012, S. 2). Um diesen Prozess umzusetzen, sind gemäß der ICANN-Satzung fünf Interessenverbände vorgesehen (ICANN, 2019, Abschn. 6.1):

1. die *Address Supporting Organization* (ASO),
2. das *At-Large Advisory Committee* (ALAC),

3. die *Country Code Names Supporting Organization* (ccNSO),
4. das *Governmental Advisory Committee* (GAC) sowie
5. die *Generic Names Supporting Organization* (GNSO).

Diese fünf Interessenverbände haben weitreichende Rechte. Sie können u. a. Mitglieder des ICANN-Verwaltungsrats ernennen oder abberufen, das Budget ablehnen und Satzungsänderungen genehmigen (ICANN, 2019, Abschn. 6.2). In der ICANN-Satzung ist ferner festgelegt, dass die GNSO für die Entwicklung von Richtlinien und Empfehlungen in Bezug auf generische Domain-Endungen wie.com oder.org zuständig ist (ICANN, 2019, Abschn. 11.1). Hierfür ist ein Richtlinien-Entwicklungsprozess (englisch: Policy-Development-Process, PDP) vorgesehen (ICANN, 2019, Abschn. 11.6), um neue Richtlinien zu erlassen oder bestehende Richtlinien zu ändern oder abzuschaffen.

Die GNSO setzt sich u. a. aus Vertretern und Vertreterinnen der Vergabe-stellen, Betreibenden einer Domain-Endung wie.com oder.org und Registraren zusammen (ICANN, 2019, Abschn. 11.3). Bei Letzteren handelt es sich um Unternehmen, die die Registrierung von Domains, z. B. tobiassattler.com, durchführen. Sämtliche dieser Vergabestellen und Registrare stehen in einer Vertragsbeziehung mit der ICANN (ICANN, 2022d, 2022e).

Im aktuell bestehenden Regelwerk ist festgelegt, dass akkreditierte Vergabe-stellen und Registrare WHOIS-Datenbanken betreiben müssen (ICANN, 2013, S. 7, 2017b, S. 63). Diese Datenbanken dienen dazu, Informationen zu regis-trierten Domains zu verwalten. Die dort hinterlegten Daten enthalten den Namen, die Anschrift, die E-Mail-Adresse und die Telefonnummer der Person, die die jeweilige Domain innehat (ICANN, 2017b, S. 63–64). Die veröffentlichten Daten werden für mehrere Zwecke eingesetzt, z. B. für IT-Sicherheitsanalysen, Zertifi-kate für Webseiten und E-Mail-Marketing (Lu et al., 2021, S. 1, 11, 13). Zugleich gilt die Veröffentlichung dieser Daten als eine der Quellen für E-Mail-Spam (ICANN, 2003, Abs. 1.4, 2007, S. 4, 2014, S. 25; Leontiadis & Christin, 2014, S. 19; Lu et al., 2021, S. 3).

2.4 Internet Engineering Task Force und Request for Comments

Die IETF ist eine US-amerikanische gemeinnützige Organisation, die 1986 gegründet wurde und aus der International Network Working Group von 1972 hervorging. Die IETF gliedert sich in über hundert Arbeitsgruppen, bestehend aus Freiwilligen (Gross, 1986, S. 9; IETF, 2022; Severance, 2012, S. 11). Die

Aufgaben der IETF umfassen die Erstellung von technischen Dokumenten, die beeinflussen, wie das Internet entworfen, genutzt und verwaltet wird. Zu diesen Dokumenten zählen Spezifikationen und Standards, die als RFC veröffentlicht werden (Alvestrand, 2004). Die IETF selbst hat keine Befugnis zur Durchsetzung der Dokumente. Sie schafft freiwillige Standards durch Konsens und veröffentlicht diese für die Allgemeinheit. Die Entscheidung über die Umsetzung der Standards liegt bei den Anbietern und Nutzenden (Crocker, 2014).

Bei den RFC handelt es sich um eine Reihe technischer und organisatorischer Dokumente über das Internet und dessen Vorgänger ARPANET (Carpenter & Partridge, 2010, S. 1). Der erste RFC wurde im April 1969 von Steve Crocker veröffentlicht (Crocker, 1969). Seitdem sind mehr als 9000 dieser Dokumente erschienen. Darin werden u. a. bekannte Dienste und Technologien behandelt, z. B. das *Hypertext Transfer Protocol* (HTTP) für den Aufruf von Webseiten, das *File Transfer Protocol* (FTP) zur Übertragung von Daten auf Servern, E-Mail, Domain-Namen und WHOIS (RFC Editor, 2022). Diese Veröffentlichungen bilden die technische Grundlage des heutigen Internets.

2.5   WHOIS-Datenbanken

Bereits der Vorläufer des Internets, das ARPANET, verfügte über einen Verzeichnisdienst, der die Namen, die postalischen Anschriften, die E-Mail-Adressen, die Telefonnummern und die Zugehörigkeiten der ARPANET-Nutzerinnen und Nutzer und Hostrechner enthielt (Feinler, 1978, S. 5). Das Verzeichnis konnte mit dem Programm WHOIS abgerufen werden (Feinler, 1978, S. 671). WHOIS, ausgesprochen wie der englische Ausdruck *who is* (deutsch: *wer ist*), ist ein Dienst, der 1982 als RFC 812 (*siehe Abschnitt 2.4*) aufgenommen wurde (Harrenstien & White, 1982).

Bei ihrer Gründung 1998 übernahm die ICANN das WHOIS als Auskunftsdienst für Domain-Namen, was 2009 in einer Verpflichtungserklärung zwischen der ICANN und dem US-Handelsministerium nochmals bestätigt wurde (ICANN, 2017a; U.S. Department of Commerce & ICANN, 2009). Mit der Aktualisierung der ICANN-Satzung im Jahr 2016 wurde der Begriff *WHOIS* durch den neuen Begriff *Registration Directory Service* (RDS) ersetzt (ICANN, 2019, Abschn. 4.6(e)). Bei letzterem handelt es sich um einen Oberbegriff, der das weiterbestehende WHOIS sowie das Nachfolgesystem *Registration Data Access Protocol* (RDAP) einschließt, das zukünftig das WHOIS ersetzen soll. Das RDAP wurde 2015 in den RFC 7480 bis RFC 7484 spezifiziert sowie durch weitere RFC ergänzt (RFC Editor, 2022). Jedoch sind weiterhin beide Systeme im Einsatz und liefern aufgrund der ICANN-Richtlinien dieselben Inhalte (ICANN, 2018d; Newton et al., 2015).

Aufgrund ihrer vertraglichen Verpflichtungen sind die ICANN-akkreditierten Vergabestellen und Registrare für den Betrieb von WHOIS-Datenbanken verantwortlich (ICANN, 2013, S. 51, 2017b, S. 63). In den aktuellen ICANN-Richtlinien ist ferner geregelt, welche Informationen zu jeder Domain angegeben und veröffentlicht werden müssen. Hierzu zählen drei Kontakte, die bei jeder Registrierung einer generischen Domain hinterlegt werden müssen (ICANN, 2013, S. 52–53, 2017b, S. 64–65):

1. die Domain-innehabende Person,
2. der technische Kontakt und
3. der administrative Kontakt.

Dabei umfasst jeder dieser Kontakte folgende Informationen:

• Name,
• Organisation,
• Straße,
• Stadt,
• Bundesland beziehungsweise Provinz,
• Postleitzahl,
• Land,
• Telefonnummer,
• Faxnummer und
• E-Mail-Adresse.

Diese Informationen werden zusätzlich von den Vergabestellen und den Registraren bei einer Treuhandstelle nach den Vorgaben der ICANN hinterlegt (ICANN, 2013, S. 11, 2017b, S. 45).

2.6   Europäische Datenschutz-Grundverordnung

Die EU-DSGVO ist eine Verordnung der EU, die die Verarbeitung der personenbezogenen Daten durch Verantwortliche EU-weit vereinheitlicht und seit dem 25. Mai 2018 Anwendung findet (EU-DSGVO, 2018). Zu den personenbezogenen Daten zählen alle Informationen, die sich auf eine identifizierte oder identifizierbare natürliche Person beziehen. Hierzu gehören u. a. Name, Anschrift,

E-Mail-Adresse und Telefonnummer (EU-Kommission, o. J.; Art. 4 Abs. 1 EU-DSGVO, 2018). Als Verantwortliche gelten natürliche oder juristische Personen, Behörden, Einrichtungen oder andere Stellen, die allein oder gemeinsam mit anderen über die Zwecke und Mittel der Verarbeitung von personenbezogenen Daten entscheiden (Art. 4 Abs. 7 EU-DSGVO, 2018).

Die EU-DSGVO findet gemäß Artikel 3 auch Anwendung außerhalb der EU (Art. 3 EU-DSGVO, 2018). In Artikel 5 der EU-DSGVO werden sechs Grundsätze für die Verarbeitung personenbezogener Daten aufgeführt. Hierzu zählen (Art. 5 Abs. 1 lit. a-f EU-DSGVO, 2018):

1. Rechtmäßigkeit,
2. Zweckbindung,
3. Datenminimierung,
4. Richtigkeit,
5. Speicherbegrenzung und
6. Integrität sowie Vertraulichkeit.

Artikel 6 der EU-DSGVO regelt die Rechtmäßigkeit der Verarbeitung und legt sechs Bedingungen fest, um personenbezogene Daten zu verarbeiten. Hierzu zählen (Art. 6 Abs. 1 lit. a-f EU-DSGVO, 2018):

1. die Einwilligung der betroffenen Person,
2. die Erfüllung eines Vertrags,
3. eine rechtliche Verpflichtung,
4. lebenswichtige Interessen,
5. öffentliches Interesse und
6. berechtigtes Interesse des oder der Verantwortlichen.

Die Einhaltung der Grundsätze ist nachzuweisen und die Nichteinhaltung kann mit einem Bußgeld geahndet werden. Gemäß Artikel 83 der EU-DSGVO sind Bußgelder bis zu 10 Mio. Euro oder 2 % des gesamten weltweiten Umsatzes eines Unternehmens im vorangegangenen Geschäftsjahr möglich, wenn gegen die Pflichten in den Artikeln 8, 11, 25 bis 39, 42 und 43 verstoßen wird. Ferner sieht Artikel 83 vor, dass Bußgelder bis zu 20 Mio. Euro oder 4 % des gesamten Umsatzes eines Unternehmens im vorangegangenen Geschäftsjahr möglich sind, wenn u. a. gegen die Grundsätze in Artikel 5 bis 9, die Rechte der betroffenen Person in Artikel 12 bis 22 oder die Übermittlung von personenbezogenen Daten an Empfänger in einem Drittland gemäß Artikel 44 bis 49 verstoßen wird (Art. 83 Abs. 4–5 EU-DSGVO, 2018). Im Jahr 2021 wurden 455 Bußgelder in Höhe von

1,3 Mrd. Euro verhängt (CMS Hasche Sigle Partnerschaft von Rechtsanwälten und Steuerberatern mbB, 2022).

2.7 Auswirkungen der Europäischen Datenschutz-Grundverordnung auf die Internet Corporation for Assigned Names and Numbers

Die Informationen in den WHOIS-Datenbanken werden für mehrere Zwecke verwendet, z. B. für IT-Sicherheitsanalysen, Zertifikate für Webseiten und E-Mail-Marketing, aber auch für die Übertragung einer Domain von einem Registrar zu einem anderen (ICANN, 2016; Lu et al., 2021, S. 1, 11, 13). Die EU-DSGVO schreibt vor, dass personenbezogene Daten – hierbei sind E-Mail-Adressen eingeschlossen – nicht mehr ohne Zustimmung in den WHOIS-Datenbanken veröffentlicht werden dürfen (*siehe Abschnitt 2.6*). Domain-Transfers, die zuvor über eine Bestätigung per E-Mail abgewickelt wurden, sind in dieser Form nicht mehr möglich. Somit benötigte die ICANN eine Lösung, wie sie unter Berücksichtigung der EU-DSGVO weiterhin Transfers von Domains durchführen kann. Die Möglichkeit des Transfers eines Domain-Namens ist eine wesentliche Funktion einer Domain, die durch die Transfer-Richtlinie der ICANN spezifiziert und damit eine vertragliche Verpflichtung für alle akkreditierten Vergabestellen sowie Registrare ist (ICANN, 2013, 2016, 2017b).

Im Januar 2018 entwickelte die ICANN drei Modelle, um Transfers nach dem Inkrafttreten der EU-DSGVO weiterhin zu gewährleisten und bat um Feedback von den Interessenverbänden (*siehe Abschnitt 2.3*). Das erste Modell sah vor, dass die WHOIS-Informationen weiterhin veröffentlicht werden, jedoch unter Zensierung des Namens, der Anschrift, der Telefonnummer und der E-Mail-Adresse der Domain-innehabenden Person. Die Zensierung sollte jedoch nur erfolgen, wenn es sich um eine natürliche Person handelt und die Vergabestelle oder der Registrar im Europäischen Wirtschaftsraum ansässig ist. Im zweiten Modell sollte die E-Mail-Adresse weiterhin veröffentlicht werden, jedoch mit Einschränkungen gemäß der Ansässigkeit der Vergabestelle und des Registrars. Das dritte Modell sah eine weltweite Änderung vor, nach der der Zugriff auf personenbezogene Daten nur mit einer Vorladung oder einer Anordnung eines Gerichts möglich wäre (Marby, 2018). Die Rückmeldungen zu diesen drei Modellen waren unterschiedlich und wurden von der ICANN im Februar 2018 in fünf Fragestellungen zusammengefasst (ICANN, 2018a, S. 1):

1. Dürfen Registrare weiterhin Kontaktdaten sammeln und an Vergabestellen übertragen?
2. Sollten die E-Mail-Adressen im öffentlichen WHOIS durch anonymisierte E-Mail-Adressen ersetzt werden?
3. Darf ein öffentliches WHOIS weiterhin von Vergabestellen und Registraren betrieben werden?
4. Ist es seitens der ICANN gestattet, die vorgeschlagenen Modelle weltweit anzuwenden?
5. Inwiefern sollten die Modelle für juristische Personen angewendet werden?

Mit diesem Feedback entwickelte die ICANN im Februar 2018 ein neues vorläufiges Modell, das bei berechtigtem Interesse Zugriff auf die WHOIS-Informationen vorsieht und zwingend für den Europäischen Wirtschaftsraum anzuwenden ist. Es sollten jedoch weiterhin alle Daten erhoben und übermittelt werden (ICANN, 2018a, S. 2–5). Die ICANN ließ allerdings offen, wie dieser Zugriff im Detail umgesetzt werden sollte (ICANN, 2018a, S. 7–8).

Die akkreditierten Vergabestellen und Registrare sind vertraglich verpflichtet, die ICANN-Richtlinien einzuhalten, und waren unmittelbar vom neuen Modell betroffen. Deshalb wandten sie sich über ihre technische operative Arbeitsgruppe, TechOps, direkt an die ICANN. TechOps machte darauf aufmerksam, dass das neue vorläufige Modell nicht mit den Anforderungen der bestehenden Transfer-Richtlinie vereinbar ist. Weiterhin könne ein Zugriff auf die personenbezogenen Daten bei berechtigtem Interesse in der verbleibenden Zeit bis zum Inkrafttreten der EU-DSGVO nicht umgesetzt werden (Sattler, 2018a, 2018b, 2018c).

Am 17. Mai 2018 genehmigte der ICANN-Verwaltungsrat basierend auf den Empfehlungen von TechOps eine neue vorläufige Richtlinie für generische Domain-Endungen, um auf die EU-DSGVO zu reagieren (ICANN, 2018b). Diese neuen Regeln sahen u. a. vor, dass sie für alle akkreditierten Vergabestellen und Registrare unabhängig von ihrer Ansässigkeit gelten und Teile der bestehenden Richtlinien außer Kraft setzen (ICANN, 2018b, S. 4).

Wesentlich für diese Arbeit ist, dass die WHOIS-Informationen zwar weiterhin gesammelt, jedoch nicht veröffentlicht werden, unabhängig davon, ob es sich um eine natürliche oder juristische Person handelt, sofern die akkreditierten Vergabestellen und Registrare eine Geschäftsbeziehung im Europäischen Wirtschaftsraum haben oder die betroffenen Informationen nicht von einer Person aus dem Europäischen Wirtschaftsraum stammen (ICANN, 2018b, S. 1, 17–18). Weiterhin erlaubt die neue vorläufige Richtlinie die Veröffentlichung der WHOIS-Informationen, falls eine entsprechende Zustimmung der Domain-innehabenden Person vorliegt (ICANN, 2018b, S. 8, 13–14).

Nach einer Untersuchung von Dezember 2019 sind bei ungefähr 73 % (etwa 207 Mio.) aller circa 285 Mio. untersuchten Domains die E-Mail-Adressen im WHOIS zensiert oder leer. Dieser Bericht zeigt ferner Unterschiede bei generischen Domain-Endungen auf. So sind bei etwa 68 % aller.com-Domains und bei circa 96 % aller.xyz-Domains die E-Mail-Adressen im WHOIS zensiert oder leer (WhoisXML API, 2019). Zu einem ähnlichen Ergebnis kam eine Studie von Februar 2021, in der 1,2 Mrd. WHOIS-Einträge und 267 Mio. Domains im Zeitraum von Januar 2018 bis Dezember 2019 untersucht wurden. Von den Vergabestellen und Registraren zensierten 85 % die WHOIS-Informationen und circa 60 % wendeten die vorläufige ICANN-Richtlinie außerhalb des Europäischen Wirtschaftsraumes an (Lu et al., 2021, S. 2).

Im Juli 2018 startete die ICANN einen Richtlinien-Entwicklungsprozess, um zu entscheiden, ob die vorläufige Richtlinie für generische Domain-Endungen als dauerhafte Richtlinie umgesetzt werden soll und wie eine Lösung für ein standardisiertes Modell des Zugriffs auf nichtöffentliche Registrierungsdaten (englisch: System for Standardized Access/Disclosure, SSAD) aussehen könnte (GNSO, 2018, 2019). Das SSAD befand sich im August 2022 noch in der Entwurfsphase, soll aber zur zentralen Verarbeitung von Anfragen bezüglich nichtöffentlicher Registrierungsdaten eingesetzt werden, um bei berechtigtem Interesse Zugriff auf die personenbezogenen Daten im WHOIS zu gewähren (ICANN, 2021a). In der Zwischenzeit haben Registrare, z. B. Tucows, eigene Systeme entwickelt, um über ein Kontaktformular bei berechtigtem Interesse Zugriff auf nichtöffentliche Registrierungsdaten anzufordern (Allemann, 2018; Tucows, 2022). In einem Artikel vom März 2022 führt Reg Levy von Tucows aus, dass im Zeitraum von Januar 2018 bis Dezember 2021 insgesamt 4649 Anfragen zur Offenlegung von WHOIS-Informationen eingegangen sind (Levy, 2022). Nicht allen Anfragen wurde zugestimmt und die Mehrheit der Anfragen (51 %) ging aufgrund gewerblicher Rechtsstreite ein.

Nach einer ICANN-internen Testphase wurde 2018 das Projekt DAAR gestartet, um eine robuste, zuverlässige und reproduzierbare Methodik zur Analyse von Sicherheitsrisiken und Domain-Missbrauch, u. a. E-Mail-Spam zu entwickeln (ICANN, 2022c). Eine Analyse der monatlich veröffentlichten Berichte zeigt, dass 2018 im Median 1 682 005 Domains als Sicherheitsrisiko identifiziert wurden (ICANN, 2022c). Ferner liegt der Median der Domains, die als Spam-Domain identifiziert wurden, bei 89,6 % (*siehe Tabelle 2.1*). Der Median der Domains, die 2021 als Sicherheitsrisiko identifiziert wurden, liegt bei 958 043, was verglichen mit den Zahlen von 2018 einem Rückgang um 43 % entspricht (ICANN, 2022c).

Durch eine Änderung der Ausweisung seitens der ICANN werden die Spam-Domains in zwei Kategorien einsortiert. Die erste Kategorie enthält die älteren generischen Domain-Endungen ohne die neuen generischen Domain-Endungen, die ab 2013 eingeführt wurden, und die zweite Kategorie ausschließlich die neuen generischen Domain-Endungen. Der Median der generischen Domain-Endungen ohne die neuen Domain-Endungen lag 2021 bei 79,4 % und damit 1020 Basispunkte unter dem Wert von 2018. Ein Basispunkt entspricht hundertstel Prozentpunkt. Der Median der neuen generischen Domain-Endungen lag 2021 bei 91,3 % und damit um 170 Basispunkte höher als 2018. Bei einer kombinierten Betrachtung lag der Median bei 85,2 % und damit 440 Basispunkte unter dem Wert von 2018 (*siehe Tabelle 2.2*). Die ICANN führt in ihren Berichten weder eine Begründung noch Thesen an, warum die Zahlen rückläufig sind.

Tabelle 2.1 Anzahl der von ICANN als Missbrauch identifizierten Domains und Anteil der Spam-Domains 2018. (Quelle: eigene Darstellung mit Informationen von ICANN (2022c))

2018	Anzahl der identifizierten Domains	Anteil der Spam-Domains
Januar	1 675 964	89,2 %
Februar	2 167 711	90,6 %
März	1 908 923	88,1 %
April	1 801 321	87,2 %
Mai	1 769 754	88,4 %
Juni	1 674 099	89,5 %
Juli	1 647 529	89,7 %
August	1 607 188	90,4 %
September	1 599 485	90,8 %
Oktober	1 688 046	91,6 %
November	1 700 299	91,5 %
Dezember	1 556 116	89,4 %
Median	*1 682 005*	89,6 %

Tabelle 2.2 Anzahl der von ICANN als Missbrauch identifizierten Domains und Anteil der Spam-Domains 2021. (Quelle: Eigene Darstellung mit Informationen von ICANN (2022c))

2021	Anzahl der identifizierten Domains	Anteil der Spam-Domains der generischen Domain-Endungen	Anteil der Spam-Domains der neuen generischen Domain-Endungen
Januar	1 114 212	81,2 %	93,1 %
Februar	1 097 976	80,9 %	92,9 %
März	1 008 896	79,5 %	91,8 %
April	986 884	79,2 %	90,8 %
Mai	949 722	78,3 %	90,3 %
Juni	966 364	79,2 %	89,5 %
Juli	934 826	79,9 %	89,6 %
August	864 054	78,3 %	91,3 %
September	979 937	81,0 %	90,8 %
Oktober	890 529	79,5 %	91,3 %
November	829 494	78,7 %	92,0 %
Dezember	771 318	77,2 %	91,7 %
Median	*958 043*	*79,4 %*	*91,3 %*

2.8   Auswirkungen der Europäischen Datenschutz-Grundverordnung auf das E-Mail-Marketing

Die Nutzung personenbezogener Daten ohne Einwilligung der betroffenen Personen wurde in den Jahren 2004 durch das bundesdeutsche UWG und 2009 durch das BDSG eingeschränkt (UWG, 2004; BDSG, 2009). Im UWG wird Werbung als unzumutbare Belästigung eingestuft, wenn sie unter Verwendung elektronischer Post ohne vorherige ausdrückliche Einwilligung erfolgt (§ 7 Abs. 1–2 UWG, 2004). Die Änderung des BDSG erlaubt eine Erhebung, Verarbeitung und Nutzung personenbezogener Daten, sofern die betroffene Person eingewilligt und diese Entscheidung frei getroffen hat (§§ 4-4a BDSG, 2009).

Mit der Einführung der EU-DSGVO und der Überführung in nationales Recht in Form des neuen BDSG ist eine Einwilligung für E-Mail-Werbung zwingend erforderlich (BDSG, 2018; EU-DSGVO, 2018). Wie in *Abschnitt 2.6* dargelegt, muss für die rechtmäßige Verarbeitung personenbezogener Daten ein Erlaubnistatbestand vorliegen (Art. 6 Abs. 1 EU-DSGVO, 2018). Zwar werden in der EU-DSGVO Ausnahmen wie das berechtigte Interesse genannt, jedoch gilt in

Deutschland das UWG weiterhin. Insofern müssen beide Vorschriften zusammen betrachtet werden, wenn es um die Frage der Zulässigkeit von E-Mail-Marketing geht. Die formalen Erfordernisse aus Artikel 6 DSGVO müssen im Einklang mit der wettbewerbsrechtlichen Einwilligung nach § 7 UWG stehen. Für die Einwilligung sind bestimmte formale und inhaltliche Anforderungen zu erfüllen (Müller, 2021):

1. Form
2. Informiertheit
3. Freiwilligkeit
4. Ausdrücklichkeit
5. Widerrufsmöglichkeit

Bezogen auf die Form kann im Rahmen des E-Mail-Marketings die Einwilligung zum Erhalt eines Newsletters beispielsweise durch das Anklicken eines Buttons gegeben werden. Aufgrund der Beweispflicht wird jedoch zusätzlich das Double-Opt-in-Verfahren empfohlen (Müller, 2021). Dabei wird der Eintrag in den Datenbanken nach der Anmeldung zum Newsletter in einem zweiten Schritt bestätigt. In der Regel wird direkt nach der Anmeldung eine E-Mail an die betroffene Person gesendet, die die Eintragung mit dem Anklicken eines Links bestätigen kann. Erst dann wird die E-Mail-Adresse in die Newsletter-Liste des Unternehmens aufgenommen und kann für Marketingzwecke genutzt werden (Meffert et al., 2019, S. 710–711; Schwarz, 2005, S. 39).

Es war für Unternehmen eine Herausforderung, dem neuen Gesetz zu entsprechen (Li et al., 2019, S. 1). Diese haben Kampagnen zur Revalidierung der Einwilligung durchgeführt und ihre Listen aufgrund der Beweispflicht bereinigt, da sie nicht zweifelsfrei nachweisen konnten, ob eine explizite Einwilligung vorlag (D'Assergio et al., 2019, S. 4; D'Assergio, 2021, S. 1). In einer Orientierungshilfe der deutschen Datenschutzkonferenz vertreten die 29 Aufsichtsbehörden in Deutschland die Auffassung, dass E-Mail-Adressen, die unmittelbar von betroffenen Personen im Rahmen einer Geschäftsbeziehung erhoben wurden (Bestandskundschaft), grundsätzlich für E-Mail-Marketing genutzt werden können, wenn dieser Zweck den betroffenen Personen bei der Datenerhebung transparent dargelegt worden ist (BfDI, 2018, S. 6; Plath & Grages, 2018, S. 776). Ferner wurde in der Orientierungshilfe festgehalten, dass die Verarbeitung personenbezogener Daten zum Zwecke des Direktmarketings als eine einem berechtigten Interesse dienende Verarbeitung betrachtet werden kann (BfDI, 2018, S. 3). Diese beiden Ansichten wurden in einer aktualisierten Fassung der Orientierungshilfe von Februar 2022 nochmals bestätigt (BfDI, 2022, S. 3, 6).

Gleichzeitig wird in der neuesten Version darauf hingewiesen, dass diese Orientierungshilfe den Adresshandel nicht umfasst, sondern dass hierzu gesonderte Beratungen erfolgen werden (BfDI, 2022, S. 1).

2.9   Auswirkungen der Europäischen Datenschutz-Grundverordnung auf den E-Mail-Spam

Wie in *Abschnitt 2.6* und *Abschnitt 2.8* dargelegt, sind kommerzielle E-Mails ohne Einwilligung ein potentieller Verstoß gegen geltende Gesetze und Vorschriften. Insofern stellt sich die Frage, ob die EU-DSGVO Auswirkungen auf E-Mail-Spam hat.

Die Autoren Au und Strathmann (2018) der Süddeutschen Zeitung stellen in einem Artikel von Mai 2018 die Behauptung auf, dass die EU-DSGVO gegen E-Mail-Spam machtlos sei, da die Absendenden im Ausland säßen und nicht zu ermitteln seien. Die gemeinnützige Organisation The Spamhaus Project, die E-Mail-Spam und Bedrohungen verfolgt, veröffentlichte im September 2018 einen Artikel, in dem es hieß, dass mit dem Inkrafttreten der EU-DSGVO das Aufkommen von E-Mail-Spam geringfügig zurückgegangen sei (Jenkins, 2018). Jedoch hält Spamhaus die Behauptungen für nicht überzeugend, dass die EU-DSGVO eine Auswirkung auf E-Mail-Spam habe, und führt vier mögliche Theorien für den Rückgang an:

1. Seriöse Unternehmen bereinigten ihre E-Mail-Listen, um die Anforderungen der EU-DSGVO zu erfüllen.
2. Es seien weniger bösartige Domains identifiziert worden und daher hätten einige Anti-Spam-Systeme weniger E-Mails als E-Mail-Spam eingestuft.
3. Es könne sich um eine natürliche Schwankung handeln, die es schon immer gegeben habe.
4. Kriminelle würden auf die Rentabilität achten und deshalb hätten sie ihre Aktivitäten vielleicht verlagert.

In einem Artikel von September 2018 beschäftigt sich der US-Amerikaner John R. Levine, Autor und Berater zu E-Mail-Infrastruktur, E-Mail-Spam und Softwarepatenten, mit dem Thema und kommt zu dem Schluss, dass nicht ausreichend Daten vorliegen, um eine Aussage über die Auswirkungen der EU-DSGVO auf die Internetsicherheit zu treffen. Levine stellt jedoch zur Diskussion, ob die EU-DSGVO möglicherweise einen gegenteiligen Effekt hat, und sagt, dass diese Frage zu klären ist (Levine, 2018).

Das russische Unternehmen Kaspersky, das Sicherheitssoftware anbietet, veröffentlicht jährlich einen Bericht zu E-Mail-Spam und Phishing. Für die Jahre 2017 bis 2021 zeigen die Berichte (*siehe Tabelle 2.3*), dass der Anteil des E-Mail-Spams am weltweiten E-Mail-Verkehr um 1087 Basispunkte von 56,63 % auf 45,56 % gesunken ist (Gudkova et al., 2018; Kulikova & Shcherbakova, 2022). Die Autoren treffen jedoch in ihren Analysen keine Aussage darüber, weshalb es zu diesem Rückgang gekommen ist. Dem gegenüber steht der Anstieg des weltweiten E-Mail-Verkehrs. Für die Jahre 2017 bis 2021 zeigen die Berichte (*siehe Tabelle 2.3*), dass das Gesamtvolumen von 269 Mrd. auf 319,6 Mrd. E-Mails pro Tag, folglich um 50,6 Mrd. E-Mails pro Tag, gewachsen ist (The Radicati Group, 2017a, 2021). Bei der Gegenüberstellung des Spamanteils am weltweiten E-Mail-Verkehr und dem weltweiten E-Mail-Verkehr pro Tag lässt sich ableiten, dass die Anzahl der Spam-E-Mails pro Tag von 152,3 Mrd. im Jahr 2017 auf 145,6 Mrd. im Jahr 2021 gesunken ist, das entspricht einem Rückgang um 6,7 Mrd. E-Mails pro Tag (*siehe Tabelle 2.3*). Es liegen jedoch aktuell keine ausreichenden Daten und Studien vor, die einen unmittelbaren Zusammenhang zwischen dem Inkrafttreten der EU-DSGVO und der Entwicklung der Anzahl der Spam-E-Mails pro Tag belegen würden.

Tabelle 2.3 Anteil des Spams am weltweiten E-Mail-Verkehr, weltweiter E-Mail-Verkehr pro Tag und Anzahl der Spam-E-Mails pro Tag, berechnet anhand der vorliegenden Informationen. (Quelle: Eigene Darstellung mit Informationen von Gudkova et al. (2018), Kulikova et al. (2021), Kulikova und Shcherbakova (2022), Vergelis et al. (2019, 2020) und The Radicati Group (2017a, 2017b, 2018, 2019, 2021))

Jahr	Anteil des Spams am weltweiten E-Mail-Verkehr	Weltweiter E-Mail-Verkehr pro Tag	Anzahl der Spam-E-Mails pro Tag (berechnet)
2017	56,63 %	269,0 Mrd.	152,3 Mrd.
2018	52,48 %	281,1 Mrd.	147,5 Mrd.
2019	56,51 %	293,6 Mrd.	165,9 Mrd.
2020	50,37 %	306,4 Mrd.	154,3 Mrd.
2021	45,56 %	319,6 Mrd.	145,6 Mrd.

Empirische Forschung

3

In diesem Kapitel werden zur Untersuchung der Forschungsfragen Annahmen
entwickelt und mit Hilfe eines Feldexperiments untersucht, um die mögliche
kausale Beziehung zwischen WHOIS-Informationen und Spam-E-Mails zu ana-
lysieren (Döring & Bortz, 2016, S. 193–201; Eifler, 2014, S. 195–209). Nach der
Beschreibung der Planungsphase werden die Durchführung des Experiments und
die Auswertung der gewonnenen Daten dargelegt.

3.1 Forschungsdesign

Beruhend auf der in *Kapitel 1* identifizierten Problemstellung, der daraus abge-
leiteten Zielsetzung und den drei aufgestellten Forschungsfragen sowie den
gewonnenen Erkenntnissen in *Kapitel 2*, wurde zur Beantwortung der Forschungsfragen das Feldexperiment als quantitative Forschungsmethode ausgewählt, um
die Ursache-Wirkungs-Zusammenhänge (Kausalbeziehungen) in einem natürli-
chen Umfeld zu untersuchen (Döring & Bortz, 2016, S. 193; Eifler, 2014, S. 198,
205). Dabei sollte die mögliche Beziehung zwischen der Veröffentlichung der
WHOIS-Informationen und Spam-E-Mails beobachtet werden.

Um die Qualität der experimentellen Forschung sicherzustellen, sind die Güte-
kriterien Validität, Reliabilität und Objektivität zu gewährleisten. Die Validität
ist das zentrale Gütekriterium bei einem Experiment und bezieht sich darauf,

Ergänzende Information Die elektronische Version dieses Kapitels enthält
Zusatzmaterial, auf das über folgenden Link zugegriffen werden kann
https://doi.org/10.1007/978-3-658-43992-7_3.

wie genau die Messergebnisse der Wirklichkeit entsprechen. Sie lässt sich in interne und externe Validität unterteilen. Die interne Validität soll sicherstellen, dass gemessen wird, was gemessen werden soll. Die externe Validität sagt aus, inwieweit die Untersuchungsergebnisse generalisiert werden können beziehungsweise die Realität wiedergeben. Mit der Reliabilität wird der Grad beschrieben, zu dem das Ergebnis einer Messung zuverlässig ist und bei Wiederholung stabil bleibt. Unter *Objektivität* wird verstanden, dass die Forschung unabhängig von den Rahmenbedingungen und der Person, die die Untersuchung vornimmt, zu denselben Ergebnissen führt (Hussy et al., 2010, S. 131–134; Kubbe, 2016, S. 61; Tausendpfund, 2018, S. 125–132).

3.1.1 Annahmen

Basierend auf der Zielsetzung und den Forschungsfragen (*siehe Kapitel 1*) sowie den Erkenntnissen aus den konzeptionellen Grundlagen (*siehe Kapitel 2*) werden folgende Annahmen gebildet, die die Basis für das empirische Forschungsvorhaben darstellen.

A1 Wenn bei einer Domain die WHOIS-Daten veröffentlicht werden, dann wird E-Mail-Spam an die hinterlegte E-Mail-Adresse gesendet.

A2 Für Annahme A1 gilt, dass es einen signifikanten Unterschied in der Anzahl der eingehenden Spam-E-Mails gibt, abhängig davon, unter welcher generischen Domain-Endung die Domain registriert wurde.

A3 Für Annahme A1 gilt, dass es einen signifikanten Unterschied in der Anzahl der eingehenden Spam-E-Mails gibt, abhängig davon, bei welchem Registrar die Domain registriert wurde.

Um im Feldexperiment die vermuteten Ursache-Wirkungs-Zusammenhänge (Kausalbeziehungen) zu untersuchen, werden abhängige und unabhängige Variablen definiert. Die abhängige Variable beschreibt den Sachverhalt, der erklärt werden soll. Die unabhängige Variable steht für das Merkmal, das einen vermuteten Einfluss auf die abhängige Variable hat (Eifler, 2014, S. 198–199; Hussy et al., 2010, S. 114; Kubbe, 2016, S. 34–37; Tausendpfund, 2018, S. 11–12). In allen Annahmen ist die abhängige Variable die Anzahl der Spam-E-Mails, die an die hinterlegte E-Mail-Adresse gesendet werden. In Annahme A1 ist die unabhängige Variable die Veröffentlichung der WHOIS-Daten. Für Annahme A2 ist die unabhängige Variable die Domain-Endung. In Annahme A3 ist die unabhängige Variable der jeweilige Registrar.

3.1.2 Kontroll- und Versuchsgruppe

Das Feldexperiment wurde an einer Kontroll- und einer Versuchsgruppe durchgeführt und die Störfaktoren wurden kontrolliert (*siehe Abschnitt 3.1.6*), um eine hohe interne Validität zu gewährleisten und einen eindeutigen Kausalschluss zu ermöglichen (explanative Studie; Döring & Bortz, 2016, S. 193). Um eine hohe externe Validität zu erreichen, wurden die Domains in der Kontroll- und der Versuchsgruppe jeweils unter elf Registraren und drei Domain-Endungen registriert (*siehe Abschnitt 3.1.3 und Abschnitt 3.1.4*). Ausgehend von der Information in *Abschnitt 2.7*, dass 85 % der Vergabestellen und Registrare die WHOIS-Daten nicht veröffentlichen, wurde die Gesamtheit der Domains, deren WHOIS-Daten nicht veröffentlicht werden, der Kontrollgruppe zugeordnet. Die Gesamtheit der Domains, deren WHOIS-Daten veröffentlicht wurden, zählte zur Versuchsgruppe.

3.1.3 Auswahl der Registrare

Für das Feldexperiment wurden exemplarisch elf Registrare ausgewählt (*siehe Tabelle 3.1*). Gemeinsam halten diese Registrare circa 134,1 Mio. Domains. Bezogen auf insgesamt 350,5 Mio. Domains weltweit stellt dies einen Marktanteil von etwa 38,3 % dar (Verisign, 2022, S. 2). Die Auswahl der Registrare erfolgte nach einer Rangfolge bezüglich der meisten registrierten Domains weltweit (Domain Name Stat, 2022).

Nachfolgende Registrare sind Teil einer Unternehmensgruppe. Mehrfach ICANN-akkreditierte Unternehmen wurden nur einmal betrachtet, um ein möglichst differenziertes Ergebnis zu erzielen. Die Anzahl der Domains wurde jedoch nicht summiert, um die bestehende Rangfolge nicht zu verändern (*siehe Tabelle 3.1*):

- PDR (Nr. 7) gehört zur selben Unternehmensgruppe wie Network Solutions (Nr. 5)
- eNom (Nr. 11) ist Teil von Tucows (Nr. 3)
- Alibaba Cloud (Nr. 16) ist Teil von Alibaba (Nr. 13)
- Wild West Domains (Nr. 17) gehört zu GoDaddy (Nr. 1)

Registrare, die keine Möglichkeit anbieten, die Zustimmung zur Veröffentlichung der personenbezogenen Daten im WHOIS zu erteilen, wurden ausgeschlossen, da diese Option für das Feldexperiment notwendig war (*siehe Tabelle 3.1*):

- Network Solutions (Nr. 5)
- IONOS (Nr. 6)
- Alibaba (Nr. 13)
- Wix (Nr. 19)
- Hosting Concepts (Nr. 24)

Folgende Registrare wurden nicht einbezogen, da sie als einzige Zahlungsmöglichkeit Kreditkartenzahlung anbieten und die Verwendung der Kreditkarten des Autors seitens der Registrare abgelehnt wurde (*siehe Tabelle 3.1*):

- Google (Nr. 4)
- Reg.Ru (Nr. 15)
- Chengdu West (Nr. 25)

NameBright (Nr. 12) wurde ausgelassen, weil dieser Registrar lediglich drei Domain-Endungen (.com,.net und.org) zur Verfügung stellt und für das Feldexperiment eine größere Variation der Domain-Endungen erforderlich war. Des Weiteren bietet FastDomain (Nr. 21) Domain-Registrierungen ausschließlich in Verbindung mit zusätzlichen Dienstleistungen an und wurde deshalb ebenfalls nicht berücksichtigt.

3.1.4 Auswahl der Domain-Endungen

Die Domains wurden unter drei generischen Domain-Endungen registriert (*siehe Tabelle 3.2*). Für die Auswahl der Endungen wurde eine Kombination von drei Kriterien zugrunde gelegt:

1. Anzahl der registrierten Domains
2. Vergabestelle
3. Niederlassung des technischen Betreibers

Die Anzahl der registrierten Domains war das erste Entscheidungsmerkmal. Hierbei fiel die generische Domain-Endung.com des Betreibers Verisign mit 161,3 Mio. Domains als die meistgenutzte Domain-Endung der Welt mit einem Marktanteil von etwa 46 % (350,5 Mio. Domains insgesamt) besonders auf, da die zweithäufigste generische Domain-Endung.net lediglich in circa 13,4 Mio. Domains verwendet wird (IANA, 2017a; Verisign, 2022, S. 2).

Tabelle 3.1 Registrare, geordnet nach der Anzahl der registrierten Domains, mit Anmerkungen zur Auswahl für das Feldexperiment. (Quelle: Eigene Darstellung mit Informationen von Domain Name Stat (2022))

Registrar-Nummer	Registrar	Anzahl der Domains	Anmerkung
1	GoDaddy	77,1 Mio.	ausgewählt
2	Namecheap	16,6 Mio.	ausgewählt
3	Tucows	11,0 Mio.	ausgewählt
4	Google	8,3 Mio.	Kreditkarte abgelehnt
5	Network Solutions	6,3 Mio.	keine WHOIS-Veröffentlichung möglich
6	IONOS	5,8 Mio.	keine WHOIS-Veröffentlichung möglich
7	PDR	5,5 Mio.	gehört zu Nr. 5
8	GMO	5,3 Mio.	ausgewählt
9	Namesilo	5,2 Mio.	ausgewählt
10	OVH	5,0 Mio.	ausgewählt
11	eNom	4,8 Mio.	gehört zu Nr. 3
12	NameBright	4,2 Mio.	nur drei Domain-Endungen
13	Alibaba	4,2 Mio.	keine WHOIS-Veröffentlichung möglich
14	Dynadot	3,9 Mio.	ausgewählt
15	Reg.ru	3,5 Mio.	Kreditkarte abgelehnt
16	Alibaba Cloud	3,4 Mio.	gehört zu Nr. 13
17	Wild West Domains	3,2 Mio.	gehört zu Nr. 1
18	Key-Systems	3,0 Mio.	ausgewählt
19	Wix	2,6 Mio.	keine WHOIS-Veröffentlichung möglich
20	Name.com	2,5 Mio.	ausgewählt

(Fortsetzung)

Tabelle 3.1 (Fortsetzung)

Registrar-Nummer	Registrar	Anzahl der Domains	Anmerkung
21	FastDomain	2,5 Mio.	anderes Geschäftsmodell
22	**Sav**	**2,3 Mio.**	**ausgewählt**
23	**Gandi**	**2,2 Mio.**	**ausgewählt**
24	Hosting Concepts	2,0 Mio.	keine WHOIS-Veröffentlichung möglich
25	Chengdu West	1,9 Mio.	Kreditkarte abgelehnt

Das zweite Entscheidungsmerkmal ist die Kombination aus der Vergabestelle und deren Niederlassung. Um in diesem Feldexperiment ein breites Spektrum abzudecken, wurden unterschiedliche Vergabestelle ausgewählt. Gemäß dem Bericht von Verisign (2022, S. 2) ist.net die zweithäufigste generische Domain-Endung. Sie wird ebenfalls von Verisign betrieben und wurde daher ausgeschlossen (IANA, 2017b). Die dritthäufigste generische Domain-Endung ist.org. Sie wird zwar von einer anderen Vergabestelle betrieben, die aber ebenfalls in den Vereinigten Staaten von Amerika ansässig ist (IANA, 2022a; Verisign, 2022, S. 2). Daher wurde die vierthäufigste generische Domain-Endung.xyz ausgewählt. Das Unternehmen mit den Rechten die Domain-Endung.xyz zu betrieben ist zwar ein US-amerikanisches Unternehmen, aber der technische Betreiber der Domain-Endung ist das britische Unternehmen CentralNic (IANA, 2021; Verisign, 2022, S. 2). Auf den weiteren Plätzen folgen generische Domain-Endungen, deren Vergabestellen entweder in den Vereinigten Staaten von Amerika ansässig sind oder die vom gleichen technischen Betreiber verwaltet werden. Die siebthäufigste generische Domain-Endung.top wurde in das Feldexperiment nicht einbezogen, da sie nicht bei allen ausgewählten Registraren (*siehe Tabelle 3.1*) verfügbar ist. Somit fiel die Entscheidung für die zehnthäufigste generische Domain-Endung.shop als dritte Domain-Endung für dieses Feldexperiment. Sie wird von einer Vergabestelle aus Japan verwaltet (DomainTools, 2022; IANA, 2019; Verisign, 2022, S. 4).

Tabelle 3.2 Domain-Endungen, geordnet nach der Anzahl der registrierten Domains. (Quelle: Eigene Darstellung mit Informationen von Verisign (2022, S. 2, 4))

Domain-Endung	Anzahl der Domains	Vergabestelle	Niederlassung der Vergabestelle
.com	161,3 Mio.	Verisign	Vereinigte Staaten von Amerika
.xyz	4,0 Mio.	CentralNic	Vereinigtes Königreich
.shop	1,0 Mio.	GMO	Japan

3.1.5 Versuchsaufbau

Bei jedem der elf ausgewählten Registrare (*siehe Tabelle 3.1*) wurden sechs Domains unter drei ausgewählten generischen Domain-Endungen (*siehe Tabelle 3.2*) für eine maximale Laufzeit von einem Jahr registriert. Für jedes dieser Sets wurden neue und unbenutzte E-Mail-Adressen verwendet, die ausschließlich für das Anlegen des Kontos beim Registrar und die Registrierung der Domains verwendet wurden. Für die E-Mail-Adressen wurden die beiden Subdomains *service* und *support* eingerichtet sowie per Zufall Vornamen und Nachnamen erzeugt, um eine möglichst realistische E-Mail-Adresse im Format Vorname.Nachname@Subdomain.tobiassattler.com zu generieren. Die eine Hälfte des Sets wurde ohne Zustimmung zur Veröffentlichung der personenbezogenen Daten im WHOIS registriert, die andere mit dieser Einwilligung (*siehe Tabelle 3.3*). Für alle registrierten Domains gilt, dass diese nicht weiter eingerichtet wurden, das heißt, dass der Autor keine eigenen Webseiten hinterlegte, die Domains nicht in Suchmaschinen eintrug oder an andere Drittanbieter übermittelte.

Das vorgestellte Setup wurde für einen Zeitraum von vier Wochen überwacht. Hierzu wurde der Mailserver mit der Open-Source-Software Postfix betrieben (Venema, 2022) und für die 66 E-Mail-Adressen jeweils ein Postfach mit der Open-Source-Software Dovecot eingerichtet (Sirainen, 2022). Für die Auswertung wurde am Ende des Überwachungszeitraums überprüft, wie viele und welche E-Mails eingegangen waren. Zum Abruf der E-Mails wurde die Open-Source-Software Thunderbird eingesetzt und so eingerichtet, dass keine externen Inhalte nachgeladen wurden, um durch das Lesen der eingegangenen E-Mails keine Rückmeldung an die Absendenden zu schicken, dass die E-Mails gelesen wurden (Mozilla Foundation, 2022).

Tabelle 3.3 Domains mit und ohne WHOIS-Veröffentlichung sowie zugehörige E-Mail-Adresse. (Quelle: Eigene Darstellung)

Regis- trar-Nummer	Domain	E-Mail-Adresse	WHOIS- Veröffentlichung
1	mt-w-nf1s0.com mt-w-nf1s0.xyz mt-w-nf1s0.shop mt-wo-5qtf5.com mt-wo-5qtf5.xyz mt-wo-5qtf5.shop	tom.marks@service.tobiassattler.com david.gil@service.tobiassattler.com jose.olsen@service.tobiassattler.com david.guidi@support.tobiassattler.com shirley.quinn@support.tobiassattler.com sheli.slaughter@support.tobiassattler.com	ja ja ja nein nein nein
2	mt-w-up518.com mt-w-up518.xyz mt-w-up518.shop mt-wo-u2zol.com mt-wo-u2zol.xyz mt-wo-u2zol.shop	patricia.moore@service.tobiassattler.com cynthia.snyder@service.tobiassattler.com jorge.singletary@service.tobiassattler.com julie.tellier@support.tobiassattler.com dustin.aguilar@support.tobiassattler.com david.stalworth@support.tobiassattler.com	ja ja ja nein nein nein
3	mt-w-abbzm.com mt-w-abbzm.xyz mt-w-abbzm.shop mt-wo-7lcel.com mt-wo-7lcel.xyz mt-wo-7lcel.shop	edith.evelyn@service.tobiassattler.com june.waters@service.tobiassattler.com darren.pitts@service.tobiassattler.com kenneth.jones@support.tobiassattler.com merissa.tripp@support.tobiassattler.com dora.carroll@support.tobiassattler.com	ja ja ja nein nein nein

(Fortsetzung)

Tabelle 3.3 (Fortsetzung)

Regis- trar-Nummer	Domain	E-Mail-Adresse	WHOIS- Veröffent-lichung
8	mt-w-gcy12.com	frank.wilson@service.	ja
	mt-w-gcy12.xyz	tobiassattler.com	ja
	mt-w-gcy12.shop	jenn.martinez@service.	ja
	mt-wo-u23ni.com	tobiassattler.com	nein
	mt-wo-u23ni.xyz	william.allen@service.	nein
	mt-wo-u23ni.shop	tobiassattler.com	nein
		edward.arnold@support.	
		tobiassattler.com	
		mike.paddock@support.	
		tobiassattler.com	
		ben.kessler@support.	
		tobiassattler.com	
9	mt-w-ue37u.com	kathleen.bow@service.	ja
	mt-w-ue37u.xyz	tobiassattler.com	ja
	mt-w-ue37u.shop	roxann.tolle@service.	ja
	mt-wo-xrvhj.com	tobiassattler.com	nein
	mt-wo-xrvhj.xyz	william.pickrell@service.	nein
	mt-wo-xrvhj.shop	tobiassattler.com	nein
		darcel.morton@support.	
		tobiassattler.com	
		david.wild@support.	
		tobiassattler.com	
		jessie.selph@support.	
		tobiassattler.com	
10	mt-w-ltyww.com	dorothy.white@service.	ja
	mt-w-ltyww.xyz	tobiassattler.com	ja
	mt-w-ltyww.shop	brenda.land@service.	ja
	mt-wo-69f61.com	tobiassattler.com	nein
	mt-wo-69f61.xyz	jose.davis@service.	nein
	mt-wo-69f61.shop	tobiassattler.com	nein
		jeanette.tse@support.	
		tobiassattler.com	
		lori.jones@support.	
		tobiassattler.com	
		kyle.godoy@support.	
		tobiassattler.com	

(Fortsetzung)

Tabelle 3.3 (Fortsetzung)

Regis- trar-Nummer	Domain	E-Mail-Adresse	WHOIS- Veröffentlichung
14	mt-w-4b85b.com mt-w-4b85b.xyz mt-w-4b85b.shop mt-wo-hh438.com mt-wo-hh438.xyz mt-wo-hh438.shop	david.simek@service.tobiassattler.com angi.beauvais@service.tobiassattler.com evelyn.derosa@service.tobiassattler.com melvin.tran@support.tobiassattler.com corey.harris@support.tobiassattler.com jack.vazquez@support.tobiassattler.com	ja ja ja nein nein nein
18	mt-w-987is.com mt-w-987is.xyz mt-w-987is.shop mt-wo-369iq.com mt-wo-369iq.xyz mt-wo-369iq.shop	todd.haas@service.tobiassattler.com aaron.wilson@service.tobiassattler.com ronald.wolf@service.tobiassattler.com carol.harris@support.tobiassattler.com heidi.dry@support.tobiassattler.com sabrina.camp@support.tobiassattler.com	ja ja ja nein nein nein
20	mt-w-vdf3p.com mt-w-vdf3p.xyz mt-w-vdf3p.shop mt-wo-ig9a6.com mt-wo-ig9a6.xyz mt-wo-ig9a6.shop	alba.hines@service.tobiassattler.com robert.courtois@service.tobiassattler.com dan.vetter@service.tobiassattler.com soo.ellison@support.tobiassattler.com derrick.johns@support.tobiassattler.com omar.berth@support.tobiassattler.com	ja ja ja nein nein nein

(Fortsetzung)

Tabelle 3.3 (Fortsetzung)

Regis- trar-Nummer	Domain	E-Mail-Adresse	WHOIS- Veröffentlichung
22	mt-w-963xo.com	jerry.sletten@service.	ja
	mt-w-963xo.xyz	tobiassattler.com	ja
	mt-w-963xo.shop	doris.miller@service.	ja
	mt-wo-842pe.com	tobiassattler.com	nein
	mt-wo-842pe.xyz	john.lee@service.	nein
	mt-wo-842pe.shop	tobiassattler.com	nein
		anna.riley@support.	
		tobiassattler.com	
		katia.west@support.	
		tobiassattler.com	
		claire.culligan@support.	
		tobiassattler.com	
23	mt-w-un74x.com	peter.snod@service.	ja
	mt-w-un74x.xyz	tobiassattler.com	ja
	mt-w-un74x.shop	betty.kriner@service.	ja
	mt-wo-re5y0.com	tobiassattler.com	nein
	mt-wo-re5y0.xyz	adam.glen@service.	nein
	mt-wo-re5y0.shop	tobiassattler.com	nein
		wesley.lai@support.	
		tobiassattler.com	
		mary.gray@support.	
		tobiassattler.com	
		lawrence.frost@support.	
		tobiassattler.com	

3.1.6 Störfaktoren

In einem Feldexperiment wird die Wirkung als abhängige Variable und die Ursache als unabhängige Variable bezeichnet. Alle Faktoren, die neben der unabhängigen Variable einen Einfluss auf die abhängige Variable haben, werden als *Störfaktoren* bezeichnet und können die interne wie die externe Validität beeinflussen (Döring & Bortz, 2016, S. 200–201; Eifler, 2014, S. 199; Hussy et al., 2010, S. 115–121). Um die Störfaktoren für das durchgeführte Feldexperiment zu kontrollieren, wurden sechs Maßnahmen umgesetzt:

1. Die Registrierung der Domains bei elf Registraren diente dazu, den Faktor Registrar mittels systematischer Variation zu kontrollieren (Hussy et al., 2010, S. 117).

2. Die Registrierung von jeweils drei Domains unter drei unterschiedlichen Domain-Endungen, jeweils einmal mit und einmal ohne Veröffentlichung der WHOIS-Informationen, diente dazu, die Faktoren Domain und Domain-Endung mittels systematischer Variation zu kontrollieren (Hussy et al., 2010, S. 117).

3. Die registrierten Domains wurden nicht weiter eingerichtet, das heißt, dass der Autor keine eigenen Webseiten hinterlegte, die Domains nicht in Such-maschinen eintrug oder an andere Drittanbieter übermittelte. Dadurch sollte gewährleistet werden, dass die Domains nicht über andere Wege in den Fokus potentieller Absendender gelangten. Damit wurde dieser Störfaktor eliminiert (Eifler, 2014, S. 201; Hussy et al., 2010, S. 116).

4. Die 66 E-Mail-Adressen wurden unter der bereits bestehenden Domain tobi-assattler.com angelegt, die nicht Teil des Tests war. So wurde ausgeschlossen, dass durch die Registrierung einer neuen Domain für das Feldexperiment diese auf Listen neuer Registrierungen zu finden sein und somit Aufmerksam-keit erlangen könnte. Damit wurde dieser Störfaktor eliminiert (Eifler, 2014, S. 201; Hussy et al., 2010, S. 116).

5. Für die bereits bestehende Domain wurden zwei neue und unbenutzte Sub-domains verwendet, *service* und *support*. So wurde ein etwaiges Erraten der E-Mail-Adressen, z. B. info@tobiassattler.com, von möglichen Versen-dern und Versenderinnen unerwünschter E-Mail-Werbung ausgeschlossen und damit wurde dieser Störfaktor eliminiert (Eifler, 2014, S. 201; Hussy et al., 2010, S. 116).

6. Für diese E-Mail-Adressen wurde keine Spam-Filterung wie White-, Grey- oder Blacklisting verwendet, um die Ergebnisse nicht durch Filterung oder Blockierung möglicher Spam-E-Mails zu verfälschen und die Spam-Filterung als Faktor zu eliminieren (Eifler, 2014, S. 201; Hussy et al., 2010, S. 116; Kucherawy & Crocker, 2012; Lindberg, 1999).

3.2 Datenerfassung

Die Datenerfassung bildet die Grundlage für die Datenauswertung (*siehe Abschnitt 3.3*). Basierend auf dem Forschungsdesign (*siehe Abschnitt 3.1*) wur-den die 66 E-Mail-Adressen im Juli 2022 angelegt und die 66 Domains bei den elf ausgewählten Registraren registriert (*siehe Tabelle 3.1 und Tabelle 3.3*). Die Beobachtung wurde am 30. Juli 2022 gestartet und nach vier Wochen beendet.

In diesem Zeitraum wurden alle eingegangenen E-Mails gesichtet und für die Datenauswertung herangezogen.

3.3 Datenauswertung

Die Auswertung wird in vier Unterkapitel unterteilt. Dabei werden die Gesamtheit, die Registrare und die Domain-Endungen analysiert sowie weitere Erkenntnisse dargestellt. Für die in *Abschnitt 3.1.1* formulierten Annahmen werden Hypothesen gebildet und mittels statistischer Auswerteverfahren überprüft. Die Annahmen bilden hierbei jeweils die Alternativhypothese (H1), der entsprechend eine Nullhypothese (H0) gegenübergestellt wird. Das Signifikanzniveau (α) legt fest, ab wann ein Ergebnis als signifikant betrachtet werden kann und beschreibt die Wahrscheinlichkeit, dass eine Nullhypothese irrtümlicherweise abgelehnt wird. Für das Signifikanzniveau (α) wird der Wert 0,001 angenommen (Döring & Bortz, 2016, S. 660, 664–665). Zur Bewertung der praktischen Bedeutsamkeit wird die Effektstärke je Testverfahren ermittelt. Um die Hypothesen zu überprüfen sowie die statistische Signifikanz und die Effektstärke festzustellen, werden der Unabhängigkeits- und Anpassungstest der Chi-Quadrat-Methode nach Pearson, der t-Test nach Gosset und Cohen's d nach Cohen mit der Open-Source-Analysesoftware PSPP angewendet (Cohen, 1988; Paff et al., 2022; Pearson, 1900; Student, 1908).

3.3.1 Auswertung der Gesamtheit

Im Beobachtungszeitraum gingen insgesamt 459 E-Mails ein, die wie folgt kategorisiert wurden:

1. Transaktionale Informationen des Registrars (Kategorie 1)
2. Werbung des Registrars (Kategorie 2)
3. E-Mail-Spam (Kategorie 3)

Basierend auf dieser Einteilung wurden die E-Mails ausgewertet (*siehe Tabelle 3.4*) und es kann festgehalten werden, dass 259 E-Mails der ersten Kategorie, 29 E-Mails der zweiten Kategorie und 171 E-Mails der dritten Kategorie an die 66 E-Mail-Adressen gesendet wurden. Bezogen auf die Gesamtheit der drei Kategorien lag der Anteil der Spam-E-Mails (Kategorie 3) bei 37,25 %.

Tabelle 3.4 Auswertung der eingegangenen E-Mails nach Abschluss der Datenerfassung.
(Quelle: Eigene Darstellung mit erhobenen Daten)

E-Mail-Adresse	Domain-Endung	Kategorie 1	Kategorie 2	Kategorie 3
tom.marks@service. tobiassattler.com	.com	2	0	13
david.gil@service. tobiassattler.com	.xyz	2	0	0
jose.olsen@service. tobiassattler.com	.shop	2	0	0
david.guidi@support. tobiassattler.com	.com	2	0	0
shirley.quinn@ support.tobiassattler. com	.xyz	2	0	0
sheli.slaughter@ support.tobiassattler. com	.shop	2	0	0
patricia.moore@ service.tobiassattler. com	.com	5	0	13
cynthia.snyder@ service.tobiassattler. com	.xyz	5	1	0
jorge.singletary@ service.tobiassattler. com	.shop	5	0	0
julie.tellier@support. tobiassattler.com	.com	8	0	0
dustin.aguilar@ support.tobiassattler. com	.xyz	5	1	0
david.stalworth@ support.tobiassattler. com	.shop	5	0	0
edith.evelyn@ service.tobiassattler. com	.com	13	0	0
june.waters@service. tobiassattler.com	.xyz	10	0	0

(Fortsetzung)

Tabelle 3.4 (Fortsetzung)

E-Mail-Adresse	Domain-Endung	Kategorie 1	Kategorie 2	Kategorie 3
darren.pitts@service. tobiassattler.com	.shop	10	0	0
kenneth.jones@ support.tobiassattler. com	.com	5	0	0
merissa.tripp@ support.tobiassattler. com	.xyz	5	0	0
dora.carroll@ support.tobiassattler. com	.shop	6	0	0
frank.wilson@ service.tobiassattler. com	.com	3	0	0
jenn.martinez@ service.tobiassattler. com	.xyz	3	0	0
william.allen@ service.tobiassattler. com	.shop	3	21	0
edward.arnold@ support.tobiassattler. com	.com	3	0	0
mike.paddock@ support.tobiassattler. com	.xyz	3	0	0
ben.kessler@support. tobiassattler.com	.shop	3	0	0
kathleen.bow@ service.tobiassattler. com	.com	4	1	27
roxann.tolle@ service.tobiassattler. com	.xyz	3	1	0
william.pickrell@ service.tobiassattler. com	.shop	4	0	0

(Fortsetzung)

Tabelle 3.4 (Fortsetzung)

E-Mail-Adresse	Domain-Endung	Kategorie 1	Kategorie 2	Kategorie 3
darcel.morton@ support.tobiassattler. com	.com	3	1	1
david.wild@support. tobiassattler.com	.xyz	3	1	0
jessie.selph@ support.tobiassattler. com	.shop	3	0	0
dorothy.white@ service.tobiassattler. com	.com	4	0	14
brenda.land@service. tobiassattler.com	.xyz	4	0	0
jose.davis@service. tobiassattler.com	.shop	4	0	0
jeanette.tse@support. tobiassattler.com	.com	4	0	0
lori.jones@support. tobiassattler.com	.xyz	4	0	0
kyle.godoy@support. tobiassattler.com	.shop	10	0	0
david.simek@ service.tobiassattler. com	.com	12	1	22
angi.beauvais@ service.tobiassattler. com	.xyz	2	0	0
evelyn.derosa@ service.tobiassattler. com	.shop	2	0	0
melvin.tran@ support.tobiassattler. com	.com	2	0	0
corey.harris@ support.tobiassattler. com	.xyz	2	0	0
jack.vazquez@ support.tobiassattler. com	.shop	2	0	0

(Fortsetzung)

Tabelle 3.4 (Fortsetzung)

E-Mail-Adresse	Domain-Endung	Kategorie 1	Kategorie 2	Kategorie 3
todd.haas@service.tobiassattler.com	.com	2	0	20
aaron.wilson@service.tobiassattler.com	.xyz	2	0	14
ronald.wolf@service.tobiassattler.com	.shop	2	0	0
carol.harris@support.tobiassattler.com	.com	1	0	1
heidi.dry@support.tobiassattler.com	.xyz	1	0	0
sabrina.camp@support.tobiassattler.com	.shop	1	0	0
alba.hines@service.tobiassattler.com	.com	24	1	22
robert.courtois@service.tobiassattler.com	.xyz	2	0	0
dan.vetter@service.tobiassattler.com	.shop	2	0	0
soo.ellison@support.tobiassattler.com	.com	2	0	0
derrick.johns@support.tobiassattler.com	.xyz	2	0	0
omar.berth@support.tobiassattler.com	.shop	2	0	0
jerry.sletten@service.tobiassattler.com	.com	1	0	11
doris.miller@service.tobiassattler.com	.xyz	1	0	0
john.lee@service.tobiassattler.com	.shop	1	0	0

(Fortsetzung)

Tabelle 3.4 (Fortsetzung)

E-Mail-Adresse	Domain-Endung	Kategorie 1	Kategorie 2	Kategorie 3
anna.riley@support. tobiassattler.com	.com	1	0	0
katia.west@support. tobiassattler.com	.xyz	1	0	0
claire.culligan@ support.tobiassattler. com	.shop	1	0	0
peter.snod@service. tobiassattler.com	.com	11	0	13
betty.kriner@service. tobiassattler.com	.xyz	3	0	0
adam.glen@service. tobiassattler.com	.shop	3	0	0
wesley.lai@support. tobiassattler.com	.com	3	0	0
mary.gray@support. tobiassattler.com	.xyz	3	0	0
lawrence.frost@ support.tobiassattler. com	.shop	3	0	0
Summe		*259*	*29*	*171*
Median		*3*	*0*	*0*
Mittelwert		*3,92*	*0,44*	*2,59*
Minimum		*1*	*0*	*0*
Maximum		*24*	*18*	*25*

In den 33 E-Mail-Postfächern der Kontrollgruppe sind 103 E-Mails der ersten Kategorie, drei E-Mails der zweiten Kategorie und zwei E-Mails der dritten Kategorie eingegangen (*siehe Tabelle 3.5*). Hingegen gingen in den 33 E-Mail-Postfächern der Versuchsgruppe 156 E-Mails der ersten Kategorie, 26 E-Mails der zweiten Kategorie und 169 E-Mails der dritten Kategorie ein. Somit sind in der Kontrollgruppe zwei und in der Versuchsgruppe 169 Spam-E-Mails angekommen.

Annahme A1 (*siehe Abschnitt 3.1.1*) lautet: Wenn bei einer Domain die WHOIS-Daten veröffentlicht werden, dann wird E-Mail-Spam an die hinterlegte E-Mail-Adresse gesendet. Diese Annahme bildet die Alternativhypothese (H1).

Tabelle 3.5 Auswertung, geordnet nach definierten Kategorien und der Kontroll- und Versuchsgruppe. (Quelle: Eigene Darstellung mit erhobenen Daten)

	Kontrollgruppe	Versuchsgruppe
Kategorie 1	103	156
Kategorie 2	3	26
Kategorie 3	2	169
Summe	*108*	*351*

Als Nullhypothese (H0) wird formuliert, dass kein E-Mail-Spam an die hinterlegte E-Mail-Adresse geschickt wird, wenn bei einer Domain die WHOIS-Daten veröffentlicht werden. Zur Überprüfung der Hypothesen wurden aus der Kontroll- und der Versuchsgruppe die Gesamtheit aller eingegangenen E-Mails sowie die E-Mails aus der dritten Kategorie für den Chi-Quadrat-Unabhängigkeitstest herangezogen und es wurde die dazugehörige erwartete Häufigkeit berechnet (*siehe Tabelle 3.6*).

Tabelle 3.6 Auswertung der Gesamtheit mittels Chi-Quadrat-Test. (Quelle: eigene Darstellung mit erhobenen Daten und der Statistiksoftware PSPP (Paff et al., 2022))

		Kein E-Mail-Spam	E-Mail-Spam	Summe
Kontrollgruppe	Anzahl	106	2	108
	Erwartet	67,76	40,24	108
Vergleichsgruppe	Anzahl	182	169	351
	Erwartet	220,24	130,76	351
	Summe	*288*	*171*	*459*

Mit der Statistiksoftware PSPP ließen sich der Chi-Quadrat-Wert von 75,73, der Freiheitsgrad von 1 und der p-Wert ermitteln (*siehe Tabelle 3.7*). Es ergab sich ein p-Wert von 0,000, der wesentlich geringer als das Signifikanzniveau (α) von 0,001 ist. Damit lässt sich die Nullhypothese (H0) ablehnen und die Alternativhypothese (H1) annehmen. Ferner zeigt der geringe p-Wert, dass das Ergebnis hochsignifikant ist. Damit kann die Annahme A1 bestätigt werden.

Tabelle 3.7 Ergebnis des Chi-Quadrat-Tests der Gesamtheit. (Quelle: Eigene Darstellung mit der Statistiksoftware PSPP (Paff et al., 2022))

	χ-Wert	Freiheitsgrad	p-Wert
Pearson Chi-Quadrat	75,73	1	0,000

Die Effektstärke phi (φ) lässt sich bei einem Chi-Quadrat-Unabhängigkeitstest direkt in der Statistiksoftware PSPP berechnen und liegt bei 0,41. Nach Cohens (1988, S. 223–225) kann von einem *geringen Effekt* gesprochen werden, wenn der Wert zwischen 0,1 und 0,3 liegt. Ein *mittlerer Effekt* ist vorhanden, wenn der Wert zwischen 0,3 und 0,5 beträgt, und ein *großer Effekt* besteht, wenn der Wert größer als 0,5 ist. Mit einem Wert von 0,41 liegt somit eine mittlere Effektstärke vor.

3.3.2 Auswertung der Registrare

Die Untersuchung der Spam-E-Mails (Kategorie 3) in Bezug auf die ausgewählten Registrare (*siehe Tabelle 3.8*) zeigt, dass in Summe 169 und im Median 13 Spam-E-Mails bei der Versuchsgruppe eingegangen sind. Auffällig ist, dass die E-Mail-Adressen der Versuchsgruppe, die bei den Registraren Tucows (Nr. 3) und GMO (Nr. 8) registriert waren, keinen E-Mail-Spam erhalten haben. Dies wurde näher untersucht, jedoch konnte keine Ursache für diesen Unterschied gefunden werden. Eine Annahme für Tucows wäre, dass dort nur die Kontaktdaten der Domain-innehabenden Person, nicht aber die des administrativen oder des technischen Kontakts veröffentlicht werden (*siehe Abschnitt 2.5*). Diese Besonderheit könnte ein Grund sein, weshalb keine Spam-E-Mails angekommen sind. Eine Annahme für GMO wäre, dass asiatische Registrare von Adresssammelnden bei der Suche nach potentiellen E-Mail-Adressen anders bewertet werden (*siehe Abschnitt 2.2*). Die Überprüfung dieser beiden weiterführenden Annahmen wurde im Rahmen dieses Feldexperiments nicht durchgeführt und daher in *Abschnitt 4.3* aufgegriffen, in dem es um die Limitationen dieser Forschungsarbeit geht.

Annahme A3 (*siehe Abschnitt 3.1.1*) besagt, dass, wenn Annahme A1 bestätigt wird, es einen signifikanten Unterschied in der Anzahl der eingehenden Spam-E-Mails gibt, abhängig davon, bei welchem Registrar die Domain registriert wurde. Diese Annahme wird als Alternativhypothese (H1) betrachtet. Als Nullhypothese (H0) wird formuliert, dass es keinen signifikanten Unterschied in der Anzahl der eingehenden Spam-E-Mails gibt, abhängig davon, bei welchem Registrar die Domain registriert wurde. Zur Überprüfung der Hypothesen wurden die Registrare und der eingegangene E-Mail-Spam in der Versuchsgruppe für den Chi-Quadrat-Anpassungstest herangezogen und es wurde die dazugehörige erwartete Häufigkeit berechnet (*siehe Tabelle 3.9*).

Mit der Statistiksoftware PSPP ließen sich der Chi-Quadrat-Wert von 70,33, der Freiheitsgrad von 10 und der p-Wert ermitteln (*siehe Tabelle 3.10*). Es ergab sich ein p-Wert von 0,000, der wesentlich geringer als das Signifikanzniveau

Tabelle 3.8 Auswertung der Kategorie 3, geordnet nach Registraren und nach Kontroll- und Versuchsgruppe. (Quelle: Eigene Darstellung mit erhobenen Daten)

Registrar	Kontrollgruppe	Versuchsgruppe
GoDaddy	0	13
Namecheap	0	13
Tucows	0	0
GMO	0	0
Namesilo	1	27
OVH	0	14
Dynadot	0	22
Key-Systems	1	34
Name.com	0	22
Sav	0	11
Gandi	0	13
Summe	*2*	*169*
Median	*0*	*13*
Mittelwert	*0,18*	*15,36*
Minimum	*0*	*0*
Maximum	*1*	*34*

Tabelle 3.9 Auswertung der Registrare mittels Chi-Quadrat-Test. (Quelle: Eigene Darstellung und der Statistiksoftware PSPP (Paff et al., 2022))

Registrar	Spam-E-Mails	Erwartete Häufigkeit	Residual
GoDaddy	13	15,36	−2,36
Namecheap	13	15,36	−2,36
Tucows	0	15,36	−15,36
GMO	0	15,36	−15,36
Namesilo	27	15,36	11,64
OVH	14	15,36	−1,36
Dynadot	22	15,36	6,64
Key-Systems	34	15,36	18,64
Name.com	22	15,36	6,64
Sav	11	15,36	−4,36
Gandi	13	15,36	−2,36
Summe	*169*		

(α) von 0,001 ist. Damit lässt sich die Nullhypothese (H0) ablehnen und die Alternativhypothese (H1) annehmen. Ferner zeigt der geringe p-Wert, dass das Ergebnis hochsignifikant ist. Damit kann die Annahme A3 bestätigt werden.

Tabelle 3.10 Ergebnis des Chi-Quadrat-Tests der Registrare. (Quelle: Eigene Darstellung mit der Statistiksoftware PSPP (Paff et al., 2022))

	χ-Wert	Freiheitsgrad	p-Wert
Pearson Chi-Quadrat	70,33	10	0,000

Zur Ermittlung der Effektstärke wurde ein t-Test mit der erwarteten Häufigkeit von 15,36 durchgeführt (*siehe Tabelle 3.11*). Diese wurde nach Cohens d bestimmt (Cohen, 1988, S. 25–26). Nach Cohens wird von einem *geringen Effekt* gesprochen, wenn der Wert kleiner als 0,5 ist, von einem *mittleren Effekt*, wenn der Wert zwischen 0,5 und 0,8 liegt, und von einem *großen Effekt*, wenn der Wert größer als 0,8 ist. Zur Berechnung von Cohens d wurde der Testwert (15,36) vom Mittelwert (21,76) abgezogen und dieses Zwischenergebnis wurde durch die Standardabweichung (8,07) dividiert. Es ergab sich eine Effektstärke von 0,79 und damit eine mittlere Effektstärke, da der Wert kleiner als 0,8 ist.

Tabelle 3.11 Statistik der Stichprobe der Registrare. (Quelle: Eigene Darstellung mit der Statistiksoftware PSPP (Paff et al., 2022))

	Anzahl	Mittelwert	Standardabweichung
Spam-E-Mails	169	21,76	8,07

Auffällig ist ferner, dass bei Namesilo (Nr. 9) und Key-Systems (Nr. 18), im Vergleich zu den anderen Registraren, in der Kontrollgruppe je eine Spam-E-Mail angekommen ist (*siehe Tabelle 3.8*). Eine genauere Analyse dieses Umstands zeigt, dass der Registrar Namesilo in der Kontrollgruppe anonymisierte E-Mail-Adressen verwendet, diese jedoch direkt an die hinterlegten E-Mail-Adressen weiterleitet. Der Registrar Key-Systems verwendet eine Standard-E-Mail-Adresse (info@domain-contact.org), die nicht direkt an die hinterlegte E-Mail-Adresse weitergeleitet wird, sondern die eingehenden E-Mails mit einer automatisierten Standardantwort beantwortet. Darin wird auf ein Kontaktformular verwiesen, um die Domain-innehabende Person zu kontaktieren (*siehe Abschnitt 2.7*).

Die Analyse ergab außerdem, dass fünf von elf Registraren im WHOIS eine Webseite zu einem Kontaktformular anzeigen, drei von elf Registraren eine anonymisierte E-Mail-Adresse verwenden, die weitergeleitet wird, und weitere drei von elf Registraren eine Standard-E-Mail-Adresse anbieten, die mit einer Standardantwort auf eine Webseite mit Kontaktformular verweist (*siehe Tabelle 3.12*). Summiert betrachtet nutzen acht von elf Registraren ein Kontaktformular und drei von elf Registraren leiten E-Mails direkt weiter. Die vorliegende Stichprobenmenge (jeweils eine Spam-E-Mail) ist zu gering, um eine Ableitung zu treffen. Jedoch konnten im Feldexperiment keine unterschiedlichen Auswirkungen beobachtet werden.

Tabelle 3.12 Nutzung des E-Mail-Adressfelds bei Domains ohne WHOIS-Veröffentlichung geordnet nach Registraren. (Quelle: Eigene Darstellung mit erhobenen Daten)

Registrar	Nutzung des E-Mail-Adressfelds bei Domains ohne WHOIS-Veröffentlichung
GoDaddy	Webseite zum Kontaktformular
Namecheap	Anonymisierte E-Mail-Adresse, leitet weiter
Tucows	Standard-E-Mail-Adresse mit Standardantwort zum Kontaktformular
GMO	Standard-E-Mail-Adresse mit Standardantwort zum Kontaktformular
Namesilo	Anonymisierte E-Mail-Adresse, leitet weiter
OVH	Webseite zum Kontaktformular
Dynadot	Webseite zum Kontaktformular
Key-Systems	Standard-E-Mail-Adresse mit Standardantwort zum Kontaktformular
Name.com	Webseite zum Kontaktformular
Sav	Webseite zum Kontaktformular
Gandi	Anonymisierte E-Mail-Adresse, leitet weiter

3.3.3 Auswertung der Domain-Endungen

Die Analyse der Spam-E-Mails (Kategorie 3) in Bezug auf die ausgewählten Domain-Endungen (*siehe Tabelle 3.13*) zeigt, dass in Summe 169 Spam-E-Mails bei der Versuchsgruppe angekommen sind. Im Vergleich der Domain-Endungen entfallen 91,72 % der Spam-E-Mails auf.com, bezogen auf die Gesamtheit der Spam-E-Mails in der Versuchsgruppe. Bei den ausgewählten.com-Domains gingen somit wesentlich mehr Spam-E-Mails als bei den anderen Domain-Endungen ein. Auffällig ist, dass die.shop-Domains keinen E-Mail-Spam erhalten haben. Eine Annahme hierfür wäre, dass.shop-Domains von Softwareprogrammen beim Durchsuchen des Internets nach E-Mail-Adressen anders bewertet werden als.com-Domains (*siehe Abschnitt 2.2*). Diese Annahme wurde in diesem Feldexperiment nicht überprüft und wird daher in *Abschnitt 4.3* im Rahmen der Limitationen aufgegriffen.

Tabelle 3.13 Auswertung der Kategorie 3, geordnet nach Domain-Endungen und nach Kontroll- und Versuchsgruppe. (Quelle: Eigene Darstellung mit erhobenen Daten)

Domain-Endung	Kontrollgruppe	Versuchsgruppe
.com	2	155
.xyz	0	14
.shop	0	0
Summe	2	*169*

Annahme A2 (*siehe Abschnitt 3.1.1*) besagt, dass, wenn Annahme A1 bestätigt wird, es einen signifikanten Unterschied in der Anzahl der eingehenden Spam-E-Mails gibt, abhängig davon, unter welcher generischen Domain-Endung die Domain registriert wurde. Diese Annahme wird als Alternativhypothese (H1) betrachtet. Als Nullhypothese (H0) wird formuliert, dass es keinen signifikanten Unterschied in der Anzahl der eingehenden Spam-E-Mails gibt, abhängig davon, unter welcher generischen Domain-Endung die Domain registriert wurde. Zur Überprüfung der Hypothesen wurden die Domain-Endungen und der eingegangen E-Mail-Spam in der Versuchsgruppe für den Chi-Quadrat-Anpassungstest herangezogen und die dazugehörige erwartete Häufigkeit berechnet wurde (*siehe Tabelle 3.14*).

Tabelle 3.14 Auswertung der Domain-Endungen mittels Chi-Quadrat-Test. (Quelle: Eigene Darstellung und der Statistiksoftware PSPP (Paff et al., 2022))

Domain-Endung	Spam-E-Mails	Erwartete Häufigkeit	Residual
.com	155	56,33	98,67
.xyz	14	56,33	−42,33
.shop	0	56,33	−56,33
Summe	*169*		

Mit der Statistiksoftware PSPP ließen sich der Chi-Quadrat-Wert von 260,96, der Freiheitsgrad von 2 und der p-Wert ermitteln (*siehe Tabelle 3.15*). Es ergab sich ein p-Wert von 0,000, der wesentlich geringer als das Signifikanzniveau (α) von 0,001 ist. Damit lässt sich die Nullhypothese (H0) ablehnen und die Alternativhypothese (H1) annehmen. Ferner zeigt der geringe p-Wert, dass das Ergebnis hochsignifikant ist. Damit kann die Annahme A2 bestätigt werden.

Tabelle 3.15 Ergebnis des Chi-Quadrat-Tests der Domain-Endungen. (Quelle: Eigene Darstellung mit der Statistiksoftware PSPP (Paff et al., 2022))

	χ-Wert	Freiheitsgrad	p-Wert
Pearson Chi-Quadrat	260,96	2	0,000

Zur Ermittlung der Effektstärke wurde ein t-Test mit der erwarteten Häufigkeit von 56,33 durchgeführt (*siehe Tabelle 3.16*). Diese wurde nach Cohens d bestimmt (Cohen, 1988, S. 25–26). Zur Berechnung von Cohens d wurde der Testwert (56,33) vom Mittelwert (143,32) abgezogen und dieses Zwischenergebnis wurde durch die Standardabweichung (38,98) dividiert. Es ergab sich eine Effektstärke d von 2,23 und damit eine große Effektstärke, da der Wert größer als 0,8 ist.

Tabelle 3.16 Statistik der Stichprobe der Domain-Endungen. (Quelle: Eigene Darstellung mit der Statistiksoftware PSPP (Paff et al., 2022))

	Anzahl	Mittelwert	Standardabweichung
Spam-E-Mails	169	143,32	38,98

Ein weiterer Befund ist, dass die.xyz-Domain, die beim Registrar Key-Systems (Nr. 18) registriert wurde, 14 Spam-E-Mails erhalten hat und damit 100 % des Gesamtaufkommens an Spam-E-Mails der.xyz-Domains in der Versuchsgruppe (*siehe Tabelle 3.17*). Diese Besonderheit wurde näher untersucht und dabei wurde festgestellt, dass bei der Veröffentlichung der WHOIS-Informationen von.xyz-Domains ein Unterschied zu anderen generischen Domain-Endungen wie.com existiert. Bei allen.xyz-Domains aus der Versuchsgruppe wurden zwar im WHOIS der Registrare die personenbezogenen Daten ausgegeben, jedoch wurden diese Informationen nicht bei allen.xyz-Domains im WHOIS der Vergabestellen ausgegeben. Dies hat nicht zu einer Beeinträchtigung des Feldexperiments geführt, da bei einer WHOIS-Abfrage beide WHOIS-Systeme abgefragt und ausgegeben

werden. Dennoch ist dies der einzige feststellbare Unterschied, der möglicherweise ursächlich dafür ist, dass die.xyz-Domain beim Registrar Key-Systems
(Nr. 18) E-Mail-Spam bekommen hat.

Tabelle 3.17 Auswertung der E-Mails der Kategorie 3 an die.xyz-Domains, geordnet nach Registrar-Nummer und nach Kontroll- und Versuchsgruppe. (Quelle: Eigene Darstellung mit erhobenen Daten)

Registrar	Kontrollgruppe	Versuchsgruppe
GoDaddy	0	0
Namecheap	0	0
Tucows	0	0
GMO	0	0
Namesilo	0	0
OVH	0	0
Dynadot	0	0
Key-Systems	0	14
Name.com	0	0
Sav	0	0
Gandi	0	0
Summe	*0*	*14*

3.3.4   Weitere Erkenntnisse

In diesem Feldexperiment konnten weitere Erkenntnisse gewonnen werden.
Zwischen der Registrierung einer Domain mit Veröffentlichung der WHOIS-
Informationen und dem Eintreffen der ersten Spam-E-Mail vergingen im Median
3778,33 und im Mittel 3863,55 Minuten. Auf das Mittel bezogen, entspricht
dies circa 64 Stunden beziehungsweise etwa 2,5 Tagen. Das Minimum lag bei
1,5 Tagen, das Maximum bei circa 4,5 Tagen und die Standardabweichung bei
1,03.

Bei der Analyse, an welchen Wochentagen im Beobachtungszeitraum die
meisten Spam-E-Mails eingegangen sind, zeigt sich, dass dienstags 40 Spam-
E-Mails angekommen sind. Das sind 23,39 % der Spam-E-Mails bezogen auf
das Gesamtaufkommen und damit 117 Basispunkte mehr als am zweithäufigsten
Wochentag Mittwoch (38 E-Mails; 22,22 %; *siehe Tabelle 3.18*). Zur weiteren
Betrachtung dieser Erkenntnis wurde die Korrelation zwischen den Wochentagen, an denen E-Mail-Spam eingegangen ist, und den Wochentagen, an denen

die Domains registriert wurden, untersucht. Die Untersuchung mit der Statistik-software PSPP zeigt, dass Cramers V einen Wert von 0,33 hat und damit nach Cramér (1946) ein moderater Zusammenhang vorliegt (*siehe Tabelle 3.19 und Tabelle 3.20*). Das Feldexperiment wurde in einem Zeitraum von vier Wochen durchgeführt, ob und wie sich eine größere Stichprobe, ein längerer Beobachtungszeitraum oder das Alter der Domains auf den Erhalt von E-Mail-Spam an den jeweiligen Wochentagen auswirkt, konnte daher nicht weiter untersucht werden. Dies wird im *Abschnitt 4.3, Limitationen,* aufgegriffen.

Tabelle 3.18
Spam-E-Mails, geordnet nach den Wochentagen und der Anzahl der eingegangen Spam-E-Mails. (Quelle: Eigene Darstellung mit erhobenen Daten)

Wochentag	Anzahl der Spam-E-Mails
Montag (Mo)	25
Dienstag (Di)	40
Mittwoch (Mi)	38
Donnerstag (Do)	29
Freitag (Fr)	26
Samstag (Sa)	8
Sonntag (So)	5
Summe	*171*
Median	*25*
Mittelwert	*24,43*
Minimum	*5*
Maximum	*40*

Tabelle 3.19 Eingegangener E-Mail-Spam pro Wochentag an dem die Domains registriert wurden. (Quelle: Eigene Darstellung mit erhobenen Daten)

Registrierungs-tag	Spam-E-Mails pro Wochentag						
	Mo	Di	Mi	Do	Fr	Sa	So
Donnerstag	6	1	0	0	2	1	1
Samstag	17	26	29	15	10	3	2
Sonntag	2	13	9	14	14	4	2
Summe	*25*	*40*	*38*	*29*	*26*	*8*	*5*

Tabelle 3.20 Korrelation nach Cramers V zu den eingegangenen E-Mail-Spams pro Wochentag und Domain. (Quelle: Eigene Darstellung mit der Statistiksoftware PSPP (Paff et al., 2022))		**Wert**
	Cramers V	0,33

Bei einer weiteren Auswertung der eingegangenen Spam-E-Mails anhand des Domain-Namens der absendenden E-Mail-Adresse kann festgehalten werden, dass die E-Mails von 32 Domains versendet wurden. Bezogen auf das Gesamtaufkommen entfielen dabei 63,742 % auf die Domain gmail.com (*siehe Tabelle 3.21*).

Tabelle 3.21 Spam-E-Mails, geordnet nach der Domain der Absendenden und der Häufigkeit des Auftretens. (Quelle: Eigene Darstellung mit erhobenen Daten)	**Domain**	**Anzahl**	**Häufigkeit**
	gmail.com	109	63,742 %
	windexmarketing.com	11	6,432 %
	rivalgoods.us	9	5,263 %
	sonstige (29)	42	24,561 %
	Summe	*171*	*100 %*

Abschließend wurden die eingegangenen Spam-E-Mails anhand des Inhalts, der verwendeten Sprache und ihres Formats untersucht. Inhaltlich betrachtet dienten alle Spam-E-Mails dem Zweck, Dienstleistungen wie Suchmaschinenoptimierung und die Erstellung von Webseiten, Logos und Apps zu verkaufen. Alle Spam-E-Mails wurden in englischer Sprache verfasst. Beim verwendeten Format wurde zwischen *Hypertext Markup Language* (HTML) und reinem Text (auch *Plaintext* genannt) unterschieden. Durch HTML können die Absendenden, ähnlich wie bei einer Webseite, das Layout bestimmen und Grafiken verwenden. Es zeigt sich, dass 170 von 171 Spam-E-Mails in HTML verfasst wurden. Die einzige Spam-E-Mail, die nicht im HTML-Format vorlag, wurde über das Kontaktformular des Registrars Key-Systems (Nr. 18) versendet.

Schlussfolgerung und Diskussion 4

In diesem abschließenden Kapitel werden die Ergebnisse zusammengefasst, die Forschungsfragen beantwortet und die Limitationen der Studie diskutiert. Die Masterarbeit wird mit einem Ausblick beendet.

4.1 Zusammenfassung

Ziel der vorliegenden Masterarbeit war es, aufzuzeigen, wie die ICANN die EU-DSGVO umsetzt und welchen Einfluss die Umsetzung auf das E-Mail-Marketing hat. Dabei sollten insbesondere die Auswirkungen dieser Veränderung auf unerwünschte E-Mail-Werbung untersucht werden. Konkret sollte überprüft werden, ob es einen Zusammenhang zwischen der Veröffentlichung von personenbezogenen Daten in den WHOIS-Datenbanken und E-Mail-Spam gibt.

Aus diesem Grund wurde eine systematische Literaturrecherche zum Themengebiet durchgeführt. In *Kapitel 2* wurde herausgearbeitet, dass E-Mail-Marketing als ein Instrument des Online-Marketings ein wesentlicher Kommunikationskanal für Unternehmen ist, der stetig an Bedeutung gewonnen hat. Mit dem Inkrafttreten der EU-DSGVO hat sich der Umgang mit personenbezogenen Daten verändert. Dies zeigte sich im E-Mail-Marketing in der Bereinigung von E-Mail-Listen und der Revalidierung von Empfängerinnen und Empfängern. Aufgrund der neuen gesetzlichen Vorgaben führte die ICANN eine vorläufige Richtlinie ein, um die WHOIS-Informationen zu zensieren, da diese personenbezogene Daten enthalten haben. Es liegen jedoch keine ausreichenden Daten und Studien vor, die einen unmittelbaren Zusammenhang zwischen dem Inkrafttreten der EU-DSGVO und

T. Sattler, *Internet Corporation for Assigned Names and Numbers im internationalen Rechtssystem*, BestMasters, https://doi.org/10.1007/978-3-658-43992-7_4

der Entwicklung des E-Mail-Spams belegen würden. Die Spam-Statistiken zeigen aber, dass das Volumen weiterhin hoch ist und fortlaufend wächst.

Basierend auf der Literaturrecherche wurden in *Kapitel 3* Annahmen formuliert, die mit Hilfe der empirischen Methode, eines Feldexperiments, untersucht wurden. Hierzu wurden eine Kontroll- und eine Versuchsgruppe gebildet und jeweils 33 Domains unter drei unterschiedlichen Domain-Endungen bei elf verschiedenen Registraren registriert. Dabei wurde für jede Domain eine eigene E-Mail-Adresse verwendet. Die WHOIS-Informationen wurden in der Kontrollgruppe nicht veröffentlicht, während sie in der Versuchsgruppe öffentlich gemacht wurden. Die jeweils 33 E-Mail-Adressen aus beiden Gruppen wurden für einen Zeitraum von vier Wochen überwacht und eingegangene E-Mails kategorisiert. Anschließend wurden die gesammelten Daten ausgewertet. Dabei konnten die getroffenen Annahmen überprüft und bestätigt werden.

4.2   Beantwortung der Forschungsfrage

Die Hauptforschungsfrage dieser Arbeit war: *Welchen Effekt hat die Veröffentlichung der E-Mail-Adresse der Domain-innehabenden Person in den WHOIS-Datenbanken auf die Anzahl eingehender unerwünschter Marketing-E-Mails?* Daran schlossen die beiden Subforschungsfragen an, *Welchen Effekt hat die Wahl der Domain-Endung, unter der die Domain registriert wurde, auf das Ergebnis der Hauptforschungsfrage?* und *Welchen Effekt hat die Wahl des Registrars, bei dem die Domain registriert wurde, auf das Ergebnis der Hauptforschungsfrage?*

Zur Beantwortung der Fragen wurde eine quantitative Studie in Form eines Feldexperiments durchgeführt. Aus den Ergebnissen (*siehe Abschnitt 3.3.1*) lässt sich schließen, dass die Veröffentlichung der WHOIS-Informationen einen unmittelbaren Einfluss auf den Erhalt von E-Mail-Spam hat. Die Domains, deren WHOIS-Informationen veröffentlicht wurden, erhielten signifikant mehr Spam-E-Mails als die Domains, deren WHOIS-Informationen nicht öffentlich zugänglich waren.

Im Hinblick auf die Wahl der Domain-Endung und deren Einfluss auf das Ergebnis der Hauptforschungsfrage kann festgehalten werden (*siehe Abschnitt 3.3.3*), dass.com-Domains signifikant mehr E-Mail-Spam als.xyz-Domains erhalten haben, während kein E-Mail-Spam bei.shop-Domains angekommen ist. Hieraus lässt sich folgern, dass.com-Domains für Absendende von Spam-E-Mails wesentlich attraktiver sind als die beiden anderen Domain-Endungen.

In Bezug auf die Wahl des Registrars und dessen Einfluss auf das Ergebnis der Hauptforschungsfrage wurde festgestellt (*siehe Abschnitt 3.3.2*), dass
es einen signifikanten Unterschied zwischen den Registraren gibt. Die Domains
bei zwei von elf Registraren haben keinen E-Mail-Spam erhalten. Hieraus lässt
sich folgern, dass Absendende von Spam-E-Mails bei der Recherche neuer
E-Mail-Adressen die Registrare unterschiedlich gewichten.

4.3   Limitationen

Diese Arbeit weist mehrere Limitationen auf, die näher betrachtet und diskutiert werden. Zunächst muss erwähnt werden, dass bei der ICANN aktuell
1591 Domain-Endungen, 787 Vergabestellen und 2551 Registrare registriert sind
(IANA, 2022b; ICANN, 2022e). Für den Zweck dieser Studie war es nicht
möglich, alle Domain-Endungen, Vergabestellen und Registrare einzubeziehen.
Deshalb wurde eine Teilmenge untersucht. Als Kriterien wurden die Häufigkeit
der Domain-Endung, die Niederlassung der Vergabestelle sowie die Größe der
Registrare herangezogen, um eine möglichst große Bandbreite in der empirischen
Forschung abzudecken.

Es muss ferner angegeben werden, dass nicht alle 1591 Domain-Endungen,
die bei der ICANN registriert sind, generische Domain-Endungen sind, sondern dass 316 davon länderspezifische Domain-Endungen sind. Diese konnten
im Rahmen der Untersuchung nicht berücksichtigt werden, da länderspezifische
Domain-Endungen nicht durch die ICANN-Richtlinien reguliert werden (ICANN,
2022a). Die Ergebnisse der Studie beschränken sich daher auf die ausgewählten
Domain-Endungen und Registrare zum Zeitpunkt der Durchführung der Studie.
Die Ergebnisse in *Abschnitt 3.3.2* und *Abschnitt 3.3.3* zeigen jedoch, dass es
Unterschiede bei den Registraren und den Domain-Endungen gegeben hat, die
nicht im Feldexperiment überprüft werden konnten. Zukünftige Forschung könnte
hieran anknüpfen und diesen Aspekt näher untersuchen.

In der vorliegenden Arbeit wurden keine Wiederverkäufer, sogenannte *Reseller*, betrachtet. Dabei handelt es sich um Großkunden von Registraren, die
unter einem eigenen und selbständigen Marktauftritt Domain-Namen verkaufen
(ICANN, 2022b). Reseller haben aufgrund ihrer Stellung in der Wertschöp-
fungskette jedoch einen begrenzten Einfluss auf die Umsetzung der ICANN-
Richtlinien, weshalb nicht davon auszugehen ist, dass sie das Ergebnis nachhaltig
verändern. Dennoch wäre dies ein Anknüpfungspunkt für weitere Untersuchungen.

Die jeweiligen Domain-Namen unter den ausgewählten Domain-Endungen sind zufällig gewählt und nach dem Muster mt-w-Zeichenkette und mt-wo-Zeichenkette aufgebaut. Das Kürzel *mt* steht für Masterthesis. Die Abkürzungen *w* und *wo* stehen für *with* (deutsch: mit) und *without* (deutsch: ohne). Sie beziehen sich auf die WHOIS-Veröffentlichung (mit und ohne). Daran wurde eine zufällige Zeichenkette angehängt. Ob die Wahl eines eingängigen Domain-Namens, z. B. mein-fahrrad-shop.com oder wandern-im-sommer.xyz, eine Auswirkung auf das Ergebnis haben könnte, wurde nicht untersucht. Zukünftige Forschung könnte hier anknüpfen und dies als weiteren Faktor verwenden.

Die registrierten Domains wurden seitens des Autors nicht weiter eingerichtet, das heißt, dass keine eigenen Webseiten für die jeweiligen Domains hinterlegt und die Domains nicht in Suchmaschinen eingetragen oder an Drittanbieter übermittelt wurden. Ob die Erreichbarkeit der Domains oder eine Webseite eine Auswirkung auf das Ergebnis haben könnte, wurde nicht untersucht. Dies wäre ein Ansatzpunkt für weitere Studien.

Ferner spielt der Faktor Zeit eine wesentliche Rolle. Zum einen wurde die Messung nur für einen Zeitraum von vier Wochen durchgeführt und zum anderen gibt es Wellenbewegungen bei Spam-E-Mails. Ob ein längerer Beobachtungszeitraum oder eine Beobachtung zu einem anderen Zeitpunkt einen Einfluss auf das Ergebnis haben könnte, wurde nicht untersucht. Jedoch zeigt der Spam-Bericht von Kaspersky, dass 2021 durchschnittlich 45,56 % des weltweiten Mailverkehrs E-Mail-Spam waren und dies im Verlauf des Jahres schwankte. Demnach wurde der größte Anteil an Spam-E-Mails im zweiten Quartal 2021 (46,56 %) beobachtet und der Spam-Anteil erreichte im Juni 2021 (48,03 %) seinen Höhepunkt. Das vierte Quartal 2021 war der Zeitraum mit dem geringsten Antel von Spam (44,54 %), wobei im November 2021 nur 43,70 % der E-Mails als E-Mail-Spam erkannt wurden (Kulikova & Shcherbakova, 2022). In diesem Zusammenhang könnten zukünftige Forschungen untersuchen, wie sich ein längerer Beobachtungszeitraum oder ein anderer Zeitpunkt auf die Forschung auswirken würde.

Die E-Mail-Adressen wurden unter einer bereits existierenden.com-Domain angelegt. Hierzu wurden zwei neue Subdomains *support* und *service* erstellt sowie zufällig Vornamen und Nachnamen verwendet, um im Format Vorname.Nachname@Subdomain.tobiassattler.com 66 E-Mail-Adressen zu erzeugen. Die Auswahl der Domain, die Nutzung der Subdomains und die zufälligen Namen stellen eine Limitation dar. Ob eine andere Domain oder Domain-Endung, die Nutzung von Subdomains oder die Auswahl der Namen einen Einfluss auf das Ergebnis hat, konnte nicht analysiert werden. Es werden weitere Untersuchungen empfohlen, um die Verallgemeinerbarkeit der Studie zu gewährleisten.

Die eingegangenen E-Mails wurden mit der Open-Source-Software Thunderbird abgerufen. Dabei war die Software so konfiguriert, dass keine externen Inhalte wie Bilder heruntergeladen und keine Lesebestätigungen übermittelt wurden. Ob eine andere Konfiguration einen Einfluss auf das Ergebnis hätte, wurde nicht erforscht. Dies wäre ein Ansatzpunkt für weitere Untersuchungen.

Der Anteil des WHOIS-bezogenen E-Mail-Spams zum Gesamtaufkommen von E-Mail-Spam konnte in dieser Studie nicht untersucht werden. Viele Faktoren können Auswirkungen auf den Erhalt von E-Mail-Spam haben, z. B. Sicherheitslücken, die Verwendung von E-Mail-Adressen in sozialen Netzwerken, Kontaktformulare auf Webseiten oder die Nennung von E-Mail-Adressen in Internet-Foren oder Blogs. Für weitere Untersuchungen könnten jedoch Vergleiche mit anderen Kanälen wie sozialen Netzwerken gezogen werden. Hieraus könnten sich Ableitungen zur Relevanz des WHOIS-bezogenen E-Mail-Spams treffen lassen. Dies wäre ein Ansatzpunkt für weitere Studien.

Zusammenfassend kann davon ausgegangen werden, dass die Ergebnisse aufgrund der Einschränkungen der aktuellen Studie nicht uneingeschränkt verallgemeinert werden sollten. Jedoch bieten diese Limitationen Anknüpfungspunkte für künftige Forschungsprojekte.

4.4 Ausblick

Auf Basis dieser Arbeit konnte festgestellt werden, dass die Veröffentlichung von personenbezogenen Daten im WHOIS einen Effekt auf den Erhalt von E-Mail-Spam hat. Wenngleich in *Abschnitt 4.3* darauf hingewiesen wurde, dass es Anknüpfungspunkte für zukünftige Forschungen gibt und die Ergebnisse aufgrund dessen nicht uneingeschränkt verallgemeinert werden sollten, ist es Domain-innehabenden Personen zu empfehlen, die WHOIS-Informationen nicht freiwillig zu veröffentlichen. Sollte dies nicht umgesetzt werden können, z. B. aufgrund eines Registrars außerhalb der Zuständigkeit der EU-DSGVO oder weil die Kontaktinformationen der Domain-innehabenden Person nicht von der EU-DSGVO eingeschlossen werden, dann könnte die Nutzung eines Privacy-Service (deutsch: Datenschutz-Service) zweckmäßig sein. Eine solche Dienstleistung anonymisiert die WHOIS-Informationen.

Das WHOIS-Nachfolgeprotokoll RDAP liefert wegen der aktuellen ICANN-Richtlinien die gleichen Inhalte (*siehe Abschnitt 2.5*). Aufgrund des Parallelbetriebs beider Dienste und der vertraglichen Verpflichtung seitens der Vergabestellen und Registrare lässt sich jedoch nicht untersuchen, ob es einen Unterschied zwischen den beiden Diensten betreffend den Effekt auf E-Mail-Spam gibt.

Für die Beantwortung dieser Frage ist eine tiefergehende Untersuchung notwendig, die die aktive Mitwirkung seitens der ICANN, der Vergabestellen und der Registrare erfordert.

Wie in *Abschnitt 2.7* darlegt, befand sich das SSAD im August 2022 noch in der Entwicklung. Es soll die Möglichkeit bieten, Zugriff auf personenbezogene Daten bei berechtigtem Interesse zu erhalten. Es bleibt daher offen, inwieweit sich die Einführung des SSAD auf den Erhalt von E-Mail-Spam auswirkt. Jedoch ist es für die Verantwortlichen der ICANN ratsam, zurückhaltend mit der Veröffentlichung von personenbezogenen Daten umzugehen, damit die Einführung des SSAD nicht dazu führt, dass die EU-DSGVO unterlaufen wird.

Glossar

Begriff Bedeutung

ALAC Das At-Large Advisory Committee ist Teil der ICANN und vertritt die Interessen der individuellen Internetnutzer und Internetnutzerinnen.

ARPANET Das Advanced Research Projects Agency Network ist ein Computernetzwerk und Vorgänger des Internets, das durch die US-Regierung entwickelt wurde.

ASO Die Address Support Organization ist Teil der ICANN und berät in politischen Fragen im Zusammenhang mit der Zuweisung und Verwaltung von IP-Adressen.

Autonome Systeme Autonome Systeme und deren Nummern sind weltweit eindeutige Kennungen für Netzbetreiber und ermöglichen den Austausch dynamischer Routing-Informationen.

ccNSO Die Country Code Name Supporting Organization ist Teil der ICANN und berät zu länderspezifischen Domains. Viele, aber nicht alle Vergabestellen von länderspezifischen Domains sind in der ccNSO vertreten.

DNS Das Domain Name System ist ein IP-basierter Netzwerkdienst zur Namensauflösung.

Domain-Endung Die Domain-Endung, auch als *Top-Level-Domain* bezeichnet, stellt den letzten Abschnitt einer Domain und die oberste Ebene der Namensauflösung dar.

Domain-Transfer Ein Domain-Transfer ist die Übertragung einer Domain von einem Registrar zu einem anderen.

Double-Opt-in Das Double-Opt-in ist ein Zustimmungsverfahren mit zweifacher Einwilligung, das vor allem im E-Mail-Marketing eingesetzt wird.

T. Sattler, *Internet Corporation for Assigned Names and Numbers im internationalen Rechtssystem*, BestMasters, https://doi.org/10.1007/978-3-658-43992-7

GAC Das Governmental Advisory Committee ist Teil der ICANN und besteht aus Vertreterinnen und Vertretern nationaler Regierungen und Behörden, z. B. der Weltgesundheitsorganisation, der Weltbank und des Weltpostvereins.

Generische Domain-Endung Eine generische Domain-Endung ist eine Domain-Endung wie.com (Abkürzung für commercial, deutsch: kommerziell) oder.org (Abkürzung für Organisation), die keinem spezifischen Land zugeordnet ist, anders als.at für Österreich,.ch für Schweiz oder.de für Deutschland.

GNSO Die Generic Name Supporting Organization ist Teil der ICANN, die für die Entwicklung neuer Richtlinien für generische Domain-Endungen zuständig ist.

ICANN Die Internet Corporation for Assigned Names and Numbers ist eine US-amerikanische gemeinnützige Organisation im US-Bundesstaat Kalifornien und hat die Aufgabe, den stabilen und sicheren Betrieb des Internets zu gewährleisten.

ICANN-Richtlinien Die ICANN-Richtlinien sind verbindliche Regeln der ICANN, um die Erfüllung der Aufgaben der ICANN im Zusammenhang mit dem DNS zu gewährleisten.

IETF Die Internet Engineering Task Force ist eine US-amerikanische gemeinnützige Organisation mit der Aufgabe, technische Dokumente zu erstellen.

Internet Protocol Das Internet Protocol ist ein Kommunikationsprotokoll der Netzwerkschicht zur Weiterleitung von Datagrammen über Netzwerkgrenzen hinweg.

Länderspezifische Domain-Endung Eine länderspezifische Domain-Endung ist eine Domain-Endung wie.at (Österreich) oder.de (Deutschland), wobei jedem Land eine Abkürzung auf der Grundlage der ISO-Norm 3166 zugeordnet wird.

Personenbezogene Daten Personenbezogene Daten sind Angaben über eine bestimmte oder bestimmbare Person.

RDAP Das Registration Data Access Protocol ist das webbasierte Nachfolgeprotokoll des WHOIS.

Registrar Ein Registrar ist ein Unternehmen, das die Registrierung und Verwaltung einer Domain durchführt.

Root Server Ein Root Server ist ein Server zur Namensauflösung einer Domain-Endung.

Spam Spam sind meist kommerzielle E-Mails, die unverlangt zugestellt werden.

SSAD Das System for Standardized Access/Disclosure ist ein System für einen standardisierten Zugriff auf personenbezogene Daten beziehungsweise nicht öffentliche Registrierungsdaten einer Domain.

TechOps Die TechOps ist die technische, operative Arbeitsgruppe der ICANN-akkreditierten Registrare und Vergabestellen.

Vergabestelle Eine Vergabestelle ist ein Unternehmen, das eine oder mehrere Domain-Endungen verwaltet.

WHOIS Das WHOIS (ausgesprochen *who is* mit der Bedeutung *wer ist*) ist ein Auskunftsdienst u. a. zu einer Domain.

Literaturverzeichnis

Allemann, A. (2018, Juni 4). *Tucows is launching TieredAccess.com for gated Whois.* Domain Name Wire. https://domainnamewire.com/2018/06/04/tucows-is-launching-tieredaccess-com-for-gated-whois/

Alvestrand, H. T. (2004). *A Mission Statement for the IETF* (Request for Comments RFC 3935). Internet Engineering Task Force. https://doi.org/10.17487/RFC3935

Anti-Phishing Working Group. (2018). *ICANN GDPR WHOIS Policy Eliminates Pre-Emptive Protection of Internet Infrastructure Abuse; Obstructs Routine Forensics to Cybercriminals' Advantage.* https://www.m3aawg.org/sites/default/files/m3aawg-apwg-whois-user-survey-report-2018-10.pdf

Antonova, S. (2005). *Power dynamics in global communication governance: Internet regulation and the case of ICANN (1998–2002)* [Phd, Concordia University]. https://spectrum.library.concordia.ca/id/eprint/8823/

Au, C., & Strathmann, M. (2018, Mai 26). *DSGVO: Was die Datenschutz-Regeln für Nutzer bedeuten.* Süddeutsche.de. https://www.sueddeutsche.de/digital/dsgvo-was-die-neuen-regeln-fuer-nutzer-bedeuten-1.3991231

BfDI. (2018). *Orientierungshilfe der Aufsichtsbehörden zur Verarbeitung von personenbezogenen Daten für Zwecke der Direktwerbung unter Geltung der Datenschutz-Grundverordnung (DS-GVO)* (S. 14). Der Bundesbeauftragte für den Datenschutz und die Informationsfreiheit (BfDI). https://www.datenschutzkonferenz-online.de/media/oh/20181107_oh_werbung.pdf

BfDI. (2022). *Orientierungshilfe der Aufsichtsbehörden zur Verarbeitung von personenbezogenen Daten für Zwecke der Direktwerbung unter Geltung der Datenschutz-Grundverordnung (DS-GVO)* (S. 20). Der Bundesbeauftragte für den Datenschutz und die Informationsfreiheit (BfDI). https://www.datenschutzkonferenz-online.de/media/oh/OH-Werbung_Februar%202022_final.pdf

Caldwell List Company. (2022). *Mailing List Companies—Caldwell List Company is a Broker of Direct Mailing Lists for Sales Leads.* Caldwell List Company. https://www.caldwell-list.com/

Carpenter, B. E., & Partridge, C. (2010). Internet requests for comments (RFCs) as scholarly publications. *ACM SIGCOMM Computer Communication Review, 40*(1), 31–33. https://doi.org/10.1145/1672308.1672315

© Der/die Herausgeber bzw. der/die Autor(en), exklusiv lizenziert an Springer Fachmedien Wiesbaden GmbH, ein Teil von Springer Nature 2024
T. Sattler, *Internet Corporation for Assigned Names and Numbers im internationalen Rechtssystem*, BestMasters,
https://doi.org/10.1007/978-3-658-43992-7

Certified Senders Alliance. (2022). Über CSA. *Certified Senders Alliance*. https://certified-senders.org/de/about-csa/

CMS Hasche Sigle Partnerschaft von Rechtsanwälten und Steuerberatern mbB. (2022, Juli). *List of GDPR fines*. GDPR Enforcement Tracker. https://www.enforcementtracker.com

Cohen, J. (1988). *Statistical Power Analysis for the Behavioral Sciences* (2. Auflage). Routledge. https://doi.org/10.4324/9780203771587

Computer History Museum. (2022a). *Internet History of 1970s*. Computer History Museum. https://www.computerhistory.org/internethistory/1970s/

Computer History Museum. (2022b). *Internet History of 1980s*. Computer History Museum. https://www.computerhistory.org/internethistory/1980s/

Cramér, H. (1946). *Mathematical Methods of Statistics (PMS-9)*. Princeton University Press. https://doi.org/10.1515/9781400883868

Crocker, S. (1969). *Host Software* (Request for Comments RFC 1). Internet Engineering Task Force. https://doi.org/10.17487/RFC0001

Crocker, S. (2014, Februar 19). *ICANN's Relationship with the IETF*. ICANN. https://www.icann.org/en/blogs/details/icanns-relationship-with-the-ietf-19-2-2014-en

D'Assergio, C. (2021). *How do Firms ask for Consumers' Data Permission? The Value of Companies Data Practices*. [Doctoral Thesis, Alma Mater Studiorum – Università di Bologna]. https://amsdottorato.unibo.it/9817/

D'Assergio, C., Valentini, S., & Montaguti, E. (2019, Mai 24). How do firms ask for consumers' data permission? And how do customers react? *Proceedings : 48th EMAC Annual Conference, May 28–31, 2019, Universität Hamburg, Germany*. EMAC, Hamburg. http://proceedings.emac-online.org/pdfs/A2019-9878.pdf

DDV e.V. (2022). *Mitgliedersuche*. DDV e.V. https://www.ddv.de/mitglieder/mitgliedersuche.html

Deutsche Bundesregierung. Gesetz gegen den unlauteren Wettbewerb, (2004). https://www.bgbl.de/xaver/bgbl/start.xav?startbk=Bundesanzeiger_BGBl&jumpTo=bgbl104s1414.pdf

Deutsche Bundesregierung. Gesetz zur Änderung datenschutzrechtlicher Vorschriften, (2009). https://www.bgbl.de/xaver/bgbl/start.xav?startbk=Bundesanzeiger_BGBl&jumpTo=bgbl109s2814.pdf

Deutsche Bundesregierung. Gesetz zur Anpassung des Datenschutzrechts an die Verordnung (EU) 2016/679 und zur Umsetzung der Richtlinie (EU) 2016/680 (Datenschutz-Anpassungs- und -Umsetzungsgesetz EU – DSAnpUG-EU), (2018). https://www.bgbl.de/xaver/bgbl/start.xav?startbk=Bundesanzeiger_BGBl&jumpTo=bgbl117s2097.pdf

Deutsche Post AG. (2021). *Werbemarkt Deutschland – Dialogmarketing-Monitor 2021* (Nr. 33; Werbemarkt Deutschland, S. 54). Deutsche Post AG. https://shop.deutschepost.de/dmm-2021

Dittrich, D. (2012, April 24). *So You Want to Take Over a Botnet...* LEET '12, San Jose, CA. https://www.usenix.org/system/files/conference/leet12/leet12-final23.pdf

DMA. (2022). *Member directory*. DMA. https://dma.org.uk/connect/connect_type/organisation/group_type/0#s_connect

DMA & dotdigital. (2019). *Marketer email tracker 2019* (DMA Marketer Email Tracker, S. 24). DMA. https://dma.org.uk/uploads/misc/marketers-email-tracker-2019.pdf

Domain Name Stat. (2022). *Domain Name Registrars List*. Domain Name Stat. https://domainnamestat.com/statistics/registrar/others

DomainTools. (2022). *Domain Count Statistics for TLDs*. DomainTools. https://research.dom aintools.com/statistics/tld-counts/

Döring, N., & Bortz, J. (2016). *Forschungsmethoden und Evaluation in den Sozial- und Humanwissenschaften* (5. Auflage). Springer. https://doi.org/10.1007/978-3-642-410 89-5

Eifler, S. (2014). Experiment. In N. Baur & J. Blasius (Hrsg.), *Handbuch Methoden der empi- rischen Sozialforschung* (S. 195–209). Springer Fachmedien. https://doi.org/10.1007/ 978-3-531-18939-0_11

Eikenberg, R. (2019, Januar 25). *Neue Passwort-Leaks: Insgesamt 2,2 Milliarden Accounts betroffen*. Heise. https://www.heise.de/security/meldung/Neue-Passwort-Leaks-Insges amt-2-2-Milliarden-Accounts-betroffen-4287538.html

Eklund, C. (2003). Peer to Peer and SPAM in the Internet. *Networking Laboratory Depart- ment of Electrical and Communications Engineering Helsinki University of Tech- nology*, 126–131. https://citeseerx.ist.psu.edu/viewdoc/download?doi=10.1.1.449.316& rep=rep1&type=pdf#page=126

EU-Kommission. (o. J.). *Was sind personenbezogene Daten?* EU-Kommission. Abgerufen 29. Juni 2022, von https://ec.europa.eu/info/law/law-topic/data-protection/reform/what- personal-data_de

Europäische Kommission. Verordnung 2016/679 des Europäischen Parlaments und des Rates, (2018). https://eur-lex.europa.eu/eli/reg/2016/679

Eurostat. (2022a, März 30). *Internet-Käufe durch Einzelpersonen*. Eurostat. https://ec.europa. eu/eurostat/databrowser/view/ISOC_EC_IB20__custom_3168640/default/table?lang=de

Eurostat. (2022b, März 30). *Personen, die das Internet zum Senden/Empfangen von E- Mails genutzt haben*. Eurostat. https://ec.europa.eu/eurostat/databrowser/view/tin00094/ default/table?lang=de

Feinler, E. J. (1978). *Arpanet resources handbook*. United States Defense Communications Agency. https://catalog.hathitrust.org/Record/102573877

Ferrante, A. J. (2018). The impact of GDPR on WHOIS: Implications for businesses facing cybercrime. *Cyber Security: A Peer-Reviewed Journal, 2*(2), 143–148. https://www.ing entaconnect.com/content/hsp/jcs/2018/00000002/00000002/art00006

Ferrara, E. (2019). The history of digital spam. *Communications of the ACM, 62*(8), 82–91. https://doi.org/10.1145/3299768

FTC. (1996, Mai 15). *Public Workshop on Consumer Privacy on the Global Infor- mation Infrastructure*. FTC. http://www.ftc.gov/legal-library/browse/federal-register-not ices/public-workshop-consumer-privacy-global-information-infrastructure

FTC. (1997, März 4). *FTC Announces Two Significant Efforts in Its Comprehensive Examination of Consumer Privacy*. FTC. http://www.ftc.gov/news-events/news/press- releases/1997/03/ftc-announces-two-significant-efforts-its-comprehensive-examination- consumer-privacy

GNSO. (2018, August 31). *EPDP Temporary Specification for gTLD Registration Data – Phase 1*. ICANN GNSO. https://gnso.icann.org/en/group-activities/active/gtld-registrat ion-data-epdp

GNSO. (2019, März 4). *EPDP Temporary Specification for gTLD Registration Data – Phase 2*. ICANN GNSO. https://gnso.icann.org/en/group-activities/active/gtld-registrat ion-data-epdp-phase-2

Gross, P. (1986). *Gateway Algorithms and Data Structures Task Force. 9.* https://www.ietf. org/proceedings/01.pdf

Gudkova, D., Vergelis, M., Shcherbakova, T., & Demidova, N. (2018, Februar 15). *Spam and phishing in 2017.* Kaspersky. https://securelist.com/spam-and-phishing-in-2017/83833/

Harrenstien, K., & White, V. (1982). *NICNAME/WHOIS* (Request for Comments RFC 812). Internet Engineering Task Force. https://doi.org/10.17487/RFC0812

Hasso-Plattner-Institut. (2019, Januar 25). *HPI Identity Leak Checker: 2,2 Milliarden E-Mail-Adressen mit Passwörtern aus jüngsten Collection-Datenleaks eingepflegt.* Hasso-Plattner-Institut. https://hpi.de/pressemitteilungen/2019/hpi-identity-leak-che cker-22-milliarden-e-mail-adressen-mit-passwoertern-aus-juengsten-collection-datenl eaks-eingepflegt.html

Hedley, S. (2006). A brief history of spam. *Information & Communications Technology Law, 15*(3), 223–238. https://doi.org/10.1080/13600830600960758

Hemmati, M. (2012). *Multi-stakeholder Processes for Governance and Sustainability.* Routledge. https://doi.org/10.4324/9781849772037

Hunt, T. (2022, Juli 4). *Have I Been Pwned.* Have I Been Pwned. https://haveibeenpwned. com/

Hussy, W., Schreier, M., & Echterhoff, G. (2010). Quantitative Forschungsmethoden. In W. Hussy, M. Schreier, & G. Echterhoff, *Forschungsmethoden in Psychologie und Sozialwissenschaften für Bachelor* (S. 109–158). Springer Berlin Heidelberg. https://doi.org/ 10.1007/978-3-540-95936-6_3

IANA. (2017a, Juli 5). *.Com Domain Delegation Data.* IANA. https://www.iana.org/dom ains/root/db/com.html

IANA. (2017b, Oktober 5). *.Net Domain Delegation Data.* IANA. https://www.iana.org/dom ains/root/db/net.html

IANA. (2019, Juli 13). *.Shop Domain Delegation Data.* IANA. https://www.iana.org/dom ains/root/db/shop.html

IANA. (2021, Dezember 10). *.Xyz Domain Delegation Data.* IANA. https://www.iana.org/ domains/root/db/xyz.html

IANA. (2022a, Juni 3). *.Org Domain Delegation Data.* IANA. https://www.iana.org/domains/ root/db/org.html

IANA. (2022b, Juli 19). *Root Zone Database.* IANA. https://www.iana.org/domains/root/db

ICANN. (1998, November 21). *Articles of Incorporation of Internet Corporation for Assigned Names and Numbers.* ICANN. https://www.icann.org/resources/pages/articles-2012-02-25-en

ICANN. (2003, Februar 7). *WHOIS Recommendation of the Security and Stability Advisory Committee.* ICANN. https://www.icann.org/resources/pages/sac-003-2012-02-25-en

ICANN. (2007). *Is the WHOIS Service a Source for email Addresses for Spammers? [SAC 023].* https://www.icann.org/en/system/files/files/sac-023-en.pdf

ICANN. (2013). *2013 Registrar Accreditation Agreement.* https://www.icann.org/en/system/ files/files/approved-with-specs-27jun13-en.pdf

ICANN. (2014). *A Next-Generation Registration Directory Service (RDS).* https://www. icann.org/en/system/files/files/final-report-06jun14-en.pdf

ICANN. (2016, Juni 1). *Transfer Policy.* ICANN. https://www.icann.org/resources/pages/tra nsfer-policy-2016-06-01-en

ICANN. (2017a, Juli). *History of WHOIS.* ICANN. https://whois.icann.org/en/history-whois

ICANN. (2017b). *Base Registry Agreement*. https://newgtlds.icann.org/sites/default/files/agr eements/agreement-approved-31jul17-en.pdf

ICANN. (2018a, Februar 18). *Proposed Interim Model for GDPR Compliance*. ICANN. https://www.icann.org/resources/files/1213443-2018-02-28-en

ICANN. (2018b). *Temporary Specification for gTLD Registration Data*. https://www.icann. org/en/system/files/files/gtld-registration-data-temp-spec-17may18-en.pdf

ICANN. (2018c, Mai 25). *Appendix A: Registration Data Directory Services in Temporary Specification for gTLD Registration Data*. ICANN. https://www.icann.org/resources/pages/gtld-registration-data-specs-en/#appendixA

ICANN. (2018d, August 13). *RDAP FAQs*. ICANN. https://www.icann.org/resources/pages/rdap-faqs-2018-08-31-en

ICANN. (2019, November 28). *Bylaws for ICANN*. ICANN. https://www.icann.org/resour ces/pages/governance/bylaws-en

ICANN. (2021a, April 29). *System for Standardized Access/Disclosure*. ICANN. https://www.icann.org/ssadodp

ICANN. (2021b, Juni 14). *ICANN Organization Enforcement of Registration Data Accuracy Obligations Before and After GDPR*. ICANN. https://www.icann.org/resources/pages/reg istration-data-accuracy-obligations-gdpr-2021-06-14-en

ICANN. (2022a). *About ccTLD Compliance*. ICANN. https://www.icann.org/resources/pages/cctld-2012-02-25-en

ICANN. (2022b). *About Resellers*. ICANN. https://www.icann.org/resources/pages/reseller-2013-05-03-en

ICANN. (2022c). *Domain Abuse Activity Reporting*. ICANN. https://www.icann.org/octo-ssr/daar/

ICANN. (2022d). *GTLD Registry Agreements*. ICANN. https://www.icann.org/en/registry-agreements

ICANN. (2022e). *List of Accredited Registrars*. ICANN. https://www.icann.org/en/accred ited-registrars

IETF. (2022, Juli 4). *Working groups*. IETF. https://www.ietf.org/how/wgs/

ISOC. (2014). *The History of Spam*. https://www.internetsociety.org/wp-content/uploads/2017/08/History20of20Spam.pdf

ITU. (2022). *Individuals using the Internet*. Worldbank. https://data.worldbank.org/indicator/IT.NET.USER.ZS?end=1999&start=1990&view=chart&year=1999

Jenkins, Q. (2018, September 8). How has GDPR affected Spam? *Spamhaus*. https://www.spamhaus.org/news/article/775/how-has-gdpr-affected-spam

Kim, W., Jeong, O.-R., Kim, C., & So, J. (2010). On botnets. *Proceedings of the 12th International Conference on Information Integration and Web-Based Applications & Services – IiWAS '10*, 5. https://doi.org/10.1145/1967486.1967488

Kreutzer, R. T. (2021). *E-Mail-Marketing kompakt: E-Mail-Adressen gewinnen, Kampagnen entwickeln und kontrollieren, die passende Software finden*. Springer Fachmedien Wiesbaden. https://doi.org/10.1007/978-3-658-34217-3

Kubbe, I. (2016). *Experimente in der Politikwissenschaft*. Springer Fachmedien Wiesbaden. https://doi.org/10.1007/978-3-658-09424-9

Kubíček, K., Merane, J., Cotrini, C., Stremitzer, A., Bechtold, S., & Basin, D. (2022). Checking Websites' GDPR Consent Compliance for Marketing Emails. *Proceedings on Privacy Enhancing Technologies*, 2022(2), 282–303. https://doi.org/10.2478/popets-2022-0046

Kucherawy, M., & Crocker, D. (2012). *Email Greylisting: An Applicability Statement for SMTP* (Request for Comments RFC 6647). Internet Engineering Task Force. https://doi.org/10.17487/RFC6647

Kulikova, T., & Shcherbakova, T. (2022, Februar 9). *Spam and phishing in 2021*. Kaspersky. https://securelist.com/spam-and-phishing-in-2021/105713/

Kulikova, T., Shcherbakova, T., & Sidorina, T. (2021, Februar 15). *Spam and phishing in 2020*. Kaspersky. https://securelist.com/spam-and-phishing-in-2020/100512/

Lammenett, E. (2019). *Praxiswissen Online-Marketing* (7. Auflage). Springer Gabler. https://doi.org/10.1007/978-3-658-25135-2

Lammenett, E. (2020). *Online-Marketing-Konzeption* (5. Auflage). Dr. Erwin Lammenett.

Leontiadis, N., & Christin, N. (2014). Empirically Measuring WHOIS Misuse. In M. Kutyłowski & J. Vaidya (Hrsg.), *Computer Security—ESORICS 2014* (Bd. 8712, S. 19–36). Springer International Publishing. https://doi.org/10.1007/978-3-319-11203-9_2

Levine, J. R. (2018, September 5). *GDPR Didn't Affect Spam? Not So Fast*. CircleID. https://circleid.com/posts/20180905_gdpr_didnt_affect_spam_not_so_fast

Levy, R. (2022, März 1). *Tiered Access update: Refreshed statistics and law enforcement processes*. OpenSRS. https://opensrs.com/blog/tiered-access-update-refreshed-statistics-and-law-enforcement-processes/

Li, H., Yu, L., & He, W. (2019). The Impact of GDPR on Global Technology Development. *Journal of Global Information Technology Management*, 22(1), 6. https://doi.org/10.1080/1097198X.2019.1569186

Lindberg, G. (1999). *Anti-Spam Recommendations for SMTP MTAs* (Request for Comments RFC 2505). Internet Engineering Task Force. https://doi.org/10.17487/RFC2505

LISTGIANT. (2022). *LISTGIANT | Data Lists for Marketing | Leads | Emails | Custom Audiences*. LISTGIANT. https://listgiant.com/

Lu, C., Liu, B., Zhang, Y., Li, Z., Zhang, F., Duan, H., Liu, Y., Chen, J. Q., Liang, J., Zhang, Z., Hao, S., & Yang, M. (2021, Februar 22). From WHOIS to WHOWAS: A Large-Scale Measurement Study of Domain Registration Privacy under the GDPR. *Proceedings 2021 Network and Distributed System Security Symposium*. Network and Distributed System Security Symposium, Virtual. https://doi.org/10.14722/ndss.2021.23134

M3AAWG. (2021). *M3AAWG and Anti-Phishing Working Group (APWG) Offer Recommendations to ICANN on WHOIS Access*. https://www.m3aawg.org/sites/default/files/icann_recommendations_whois_survey_report-sept302021.pdf

Marby, G. (2018, Januar 12). *Data Protection and Privacy Update: Seeking Community Feedback on Proposed Compliance Models*. ICANN. https://www.icann.org/en/blogs/details/data-protection-and-privacy-update-seeking-community-feedback-on-proposed-compliance-models-12-1-2018-en

Meffert, H., Burmann, C., Kirchgeorg, M., & Eisenbeiß, M. (2019). *Marketing: Grundlagen marktorientierter Unternehmensführung Konzepte – Instrumente – Praxisbeispiele* (13. Auflage). Springer Fachmedien Wiesbaden. https://doi.org/10.1007/978-3-658-21196-7

Mičijević, A. (2019, Januar 25). *Datenleak: 2,2 Milliarden E-Mail-Adressen samt Passwörtern veröffentlicht*. Handelsblatt. https://www.handelsblatt.com/technik/it-internet/datenleak-2-2-milliarden-e-mail-adressen-samt-passwoertern-veroeffentlicht/23910470.html

Mockapetris, P. (1983). *Domain names: Concepts and facilities* (Request for Comments RFC 882). Internet Engineering Task Force. https://doi.org/10.17487/RFC0882

Mozilla Foundation. (2022). *Thunderbird* (102.1.0) [C, C++, JavaScript, Rust; MacOS]. https://www.thunderbird.net/de/

Müller, J. L. (2021, Mai 21). *E-Mail-Marketing in Zeiten der DSGVO – wie agiert man rechtssicher? Ein Leitfaden.* IT-Recht Kanzlei. https://www.it-recht-kanzlei.de/rechtssichere-e-mail-werbung.html

Newton, A., Ellacott, B., & Kong, N. (2015). *HTTP Usage in the Registration Data Access Protocol (RDAP)* (Request for Comments RFC 7480). Internet Engineering Task Force. https://doi.org/10.17487/RFC7480

Paff, B., Darrington, J., & Beckmann, F. (2022). *PSPP* (1.6.2) [C; MacOS]. https://www.gnu.org/software/pspp/

Pallen, M. (1995). Electronic mail. *BMJ : British Medical Journal, 311*(7018), 1487–1490. https://www.ncbi.nlm.nih.gov/pmc/articles/PMC2543747/

Pearson, K. (1900). X. On the criterion that a given system of deviations from the probable in the case of a correlated system of variables is such that it can be reasonably supposed to have arisen from random sampling. *The London, Edinburgh, and Dublin Philosophical Magazine and Journal of Science, 50*(302), 157–175. https://doi.org/10.1080/14786440009463897

Plath, K.-U., & Grages, J.-M. (2018). „Let's Stay in Touch" – Direktwerbung unter der DSGVO: Eine kritische Bewertung der Orientierungshilfe der Aufsichtsbehörden. *Computer Und Recht, 34*(12), 770–782. https://doi.org/10.9785/cr-2018-341207

Postel, J. B. (1982). *Simple Mail Transfer Protocol* (Request for Comments RFC 821). Internet Engineering Task Force. https://doi.org/10.17487/RFC0821

promio.net GmbH & Hochschule Bonn-Rhein-Sieg. (2019). *Kommunikationskanäle aus Unternehmenssicht* (S. 19). promio.net. https://www.promio.net/sites/default/files/uploads/pdf/promio.research_studie_kommunikationskanaele_aus_unternehmenssicht.pdf

RFC Editor. (2022). *RFC Index.* RFC Editor. https://www.rfc-editor.org/rfc-index.html

Sattler, T. (2018a). *GDPR Impact on Domain Name Transfers and Registrant Contact Changes.* https://www.bestpractice.domains/publications/gdpr-comments-contract-party-techops-icann-proposed-compliance-models-08mar18-en.pdf

Sattler, T. (2018b). *Updated Proposal referring to the CPH TechOps Letter on GDPR Impact on Domain Name Transfers and Registrant Contact Changes sent on 8 March 2018.* https://www.bestpractice.domains/publications/sattler-to-atallah-01may18-en.pdf

Sattler, T. (2018c). *Reply to ICANN's response to CPH TechOps' updated proposal on GDPR Impact on Domain Name Transfers and Registrant Contact Changes sent on 1 May 2018.* https://www.bestpractice.domains/publications/sattler-to-atallah-07may18-en.pdf

Schnedl, D. (2019). *Deep Dive: Newsletter-Nutzung im DACH-Raum* (S. 33). United Internet Media. https://www.united-internet-media.de/fileadmin/uim/media/home/downloadcenter/studien/UIM_Research_Newsletter_Nutzung_Gesamt.pdf

Schwarz, T. (2005). *Leitfaden eMail-Marketing und Newsletter-Gestaltung: Erfolg im Online-Marketing, neue Kunden gewinnen und binden, Mailingkosten sparen* (2. Auflage). Schwarz.

Severance, C. (2012). Vint Cerf: A Brief History of Packets. *Computer, 45*(12), 10–12. https://doi.org/10.1109/MC.2012.422

Shue, C. A., Gupta, M., Kong, C. H., Lubia, J. T., & Yuksel, A. S. (2009). Spamology: A Study of Spam Origins. *The 6th Conference on Email and Anti-Spam*, 8. http://web.cs. wpi.edu/~cshue/research/ceas09.pdf

Siegert, P. F. (2015). *Die Geschichte der E-Mail: Erfolg und Krise eines Massenmediums.* https://doi.org/10.14361/9783839408964

Sirainen, T. (2022). *Dovecot | The Secure IMAP server* (2.3.18) [C; Linux]. https://www.dov ecot.org/

SpamCop. (2022). *What is SpamCop's history?* SpamCop. https://www.spamcop.net/fom-serve/cache/109.html

Spamhaus. (2022). *About The Spamhaus Project.* Spamhaus. https://www.spamhaus.org/org anization/

Student. (1908). The Probable Error of a Mean. *Biometrika*, 6(1), 1. https://doi.org/10.2307/ 2331554

Surfshark. (2022, Juli 4). *Data breach monitoring.* Surfshark. https://surfshark.com/research/ data-breach-monitoring

Tausendpfund, M. (2018). *Quantitative Methoden in der Politikwissenschaft.* Springer Fachmedien Wiesbaden. https://doi.org/10.1007/978-3-658-20698-7

The Radicati Group. (2017a). *Email Statistics Report, 2017–2021 Executive Summary.* The Radicati Group, Inc. https://www.radicati.com/?download=email-statistics-report-2017-2021

The Radicati Group. (2017b). *Email Statistics Report, 2018–2022 Executive Summary.* The Radicati Group, Inc. https://www.radicati.com/?download=email-statistics-report-2018-2022

The Radicati Group. (2018). *Email Statistics Report, 2019–2023 Executive Summary.* The Radicati Group, Inc. https://www.radicati.com/?download=email-statistics-report-2019-2023

The Radicati Group. (2019). *Email Statistics Report, 2020–2024 Executive Summary.* The Radicati Group, Inc. https://www.radicati.com/?download=email-statistics-report-2020-2024

The Radicati Group. (2021). *Email Statistics Report, 2021–2025 Executive Summary.* The Radicati Group, Inc. https://www.radicati.com/?p=17209

Tucows. (2022). *Tiered Access.* Tucows. https://tieredaccess.com/login

UN DESA. (2022, Juli). *Weltbevölkerung 2022.* Statista. https://de.statista.com/statistik/ daten/studie/1716/umfrage/entwicklung-der-weltbevoelkerung/

U.S. Department of Commerce & ICANN. (2009). *Affirmation of Commitments.* https:// www.icann.org/en/system/files/files/affirmation-of-commitments-30sep09-en.pdf

Venema, W. (2022). *Postfix* (3.7.0) [C; Linux]. https://www.postfix.org/

Vergelis, M., Shcherbakova, T., & Sidorina, T. (2019, März 12). *Spam and phishing in 2018.* Kaspersky. https://securelist.com/spam-and-phishing-in-2018/89701/

Vergelis, M., Shcherbakova, T., Sidorina, T., & Kulikova, T. (2020, April 8). *Spam and phishing in 2019.* Kaspersky. https://securelist.com/spam-report-2019/96527/

Verisign. (2022). *Domain Name Industry Brief Q1 2022 Data and Analysis* (Volume 19-Issue 2; Domain Name Industry Brief, S. 6). Verisign. https://www.verisign.com/en_US/dom ain-names/dnib/index.xhtml?loc=en_US

WhoisXML API. (2019, Dezember 6). *Privacy or Accountability: What the Redaction of WHOIS Data Means for Cybersecurity*. WhoisXML API. https://main.whoisxmlapi.com/privacy-or-accountability-what-the-redaction-of-whois-data-means-for-cybersecurity

World Wide Web Foundation. (2022). *History of the Web*. World Wide Web Foundation. https://webfoundation.org/about/vision/history-of-the-web/

Printed in the United States
by Baker & Taylor Publisher Services

Printed in the United States
by Baker & Taylor Publisher Services